高等院校经济管理类信息技术实验系列教材

信息系统分析与设计实验教程

郝晓玲　主　编

韩冬梅
韩松乔　副主编
杜梅先

上海财经大学出版社

图书在版编目(CIP)数据

信息系统分析与设计实验教程/郝晓玲主编.一上海:上海财经大学出版社,2017.1

(高等院校经济管理类信息技术实验系列教材)

ISBN 978-7-5642-2656-5/F·2656

Ⅰ.①信… Ⅱ.①郝… Ⅲ.①信息系统-系统分析-实验-高等学校-教材 ②信息系统-系统设计-实验-高等学校-教材 Ⅳ.①G202-33

中国版本图书馆 CIP 数据核字(2016)324210 号

□ 责任编辑 吴晓群

□ 封面设计 张克瑶

XINXI XITONG FENXI YU SHEJI SHIYAN JIAOCHENG

信息系统分析与设计实验教程

郝晓玲 主 编

韩冬梅
韩松乔 副主编
杜梅先

上海财经大学出版社出版发行
(上海市武东路 321 号乙 邮编 200434)
网 址:http://www.sufep.com
电子邮箱:webmaster @ sufep.com
全国新华书店经销
启东市人民印刷有限公司印刷装订
2017 年 1 月第 1 版 2017 年 1 月第 1 次印刷

787mm×1092mm 1/16 11.5 印张 294 千字
印数:0 001—2 000 定价:39.00 元

高等院校经济管理类信息技术实验系列教材

总　序

科技在飞速发展，社会在不断进步，当代大学生若要适应市场经济对人才的需求，除了要有深厚的理论基础外，更需要具有实践能力，因此，大学的实验教学和实践体系设计越发重要，成为在校生学习和受教育过程的重要组成部分。

高等学校 IT 人才的创新和实践能力与社会岗位需求之间存在一定差距，很重要的一个原因是高校实验课程的设计与企业需求联系不够紧密，实验课程设置中整体思想贯穿不够。所以，为了加快经济管理类高校 IT 类实验课程的建设步伐，需要在新一轮课程体系改革中，围绕"能力分解、阶梯推进"的课程实验改革思路，基于阶段项目训练的课程体系建设规划，同时结合 IT 相关专业的特点，在遵循现有课程体系的前提下，对专业课程的实验环节进行重组、整合和系统性规划，将 IT 行业的职业化场景真正引入课程体系和教学的全过程。

根据实验教学规律，我们将实验教学分为基础认知型（软件实验和硬件实验）、应用设计型、综合创新型（包括课程性综合实验、专业性综合实验、学科性综合实验）三个层次。分层次安排实验项目和内容，实现实验教学的系统优化。通过基础认知型实验设计，对学生进行基本实验技能、实验原理、实验方法的训练，巩固和应用理论知识；通过应用设计型实验设计，让学生能够运用基础实验内容，通过比较、抽象、概括、归纳等积极思维活动进行课程设计；通过综合创新型实验设计，运用多门课程的实验内容和实验结果，提出实现综合设计实验的总体方案，充分发挥学生的积极性、主动性和创造性，促进知识向能力转化。通过以上三个层次的实验设计规划，形成彼此关联、相互配合的系统化、层次化的实验课程体系。在这一过程中强调在课程群中统一实验目标、集中规划，在各门课程认知实验的基础上，强调专业知识的集成和学科综合。与此同时，利用"案例与任务驱动"的教学模式，启发学生在课程群环境中通过演练式学习主动分析和研究企业仿真环境，发现问题，创新思维，培养大学生的创造性思维。

本系列实验教材具有一定的实践意义：

(1)形成了分阶段、渐进式学习模式，课程体系在原有的单一性、演示型、验证性课程实验的基础上设计了设计型、综合性实验，以及开放性、创新型实验，引导学生由浅入深，从知识理解到知识运用，再从知识运用到自主创新。

(2)设计了以知识贯穿和课程融合为主导的集成实验内容，实现了十几门课程、基于两个案例的实验课程集成，弥补了课程之间的知识断点，实现了各课程之间的知识融合，促使学生从科目分科学习到知识融会贯通，从各门课程的知识积累向所有知识的综合运用能力转化。

本系列实验教材分专业和公共两个系列：专业系列包括综合设计实验、数据库、系统分析与设计、管理信息系统等实验教材；公共系列包括管理会计、经济管理中的计算机应用、ERP 综合实验等实验教材。本系列实验教材既适合作为高等学校信息管理与信息系统专业和经济管理类的 IT 专业本科生学习及实践的配套指导教材，也可以作为非计算机专业学生教学实践课程的专用教材。

希望通过本系列实验教材的共享和传播，能促进上海财经大学IT专业实验教学的深入开展，助力于全国财经类院校经管类IT专业实验教学的改革探索，继而推动全国高等院校实验教学的创新发展。

刘兰娟
上海财经大学信息管理与工程学院
2017年1月

前　言

“信息系统分析与设计”课程是信息管理与信息系统专业的核心课程，强调信息系统开发过程中灵活运用方法以解决相关问题的实践能力。本书作为配合该课程实践教学的参考教程，通过实验环节的设计，使学生加深理解、验证并巩固课堂教学内容，掌握信息系统分析、设计的基本过程与工具，提升理论与实践相结合的能力。

本书在实验教学改革方面进行了探索和实践，对原有的实验教学内容进行了分类、归纳和有机融合。其内容以系统分析与设计为主线，强化对工具与方法的综合运用能力。编者选择了学生熟知的十个系统开发项目，通过使用主流CASE工具辅助进行系统开发等，使学生对信息系统需求分析、系统设计、系统配置、编程实现的整套工作过程有全面的认识，掌握传统结构化开发和面向对象的基本规律。在梯度设计方面，形成基础性实验、综合性实验、创新性实验共三类实验，引导学生由浅入深，从验证到设计，再过渡到自主开发。

本书主要适用于全国计算机相关专业、管理科学与工程、电子商务等相关专业的大学本科及研究生阶段的专业教学。

本书由郝晓玲主编，韩冬梅、韩松乔、杜梅先为副主编，负责全书内容的编写。如有疏漏和不足之处，敬请广大读者批评指正。

编　者

2017年1月

目录

第一章

引　言

一、实验教学的目的

信息系统分析与设计实验课程作为课程实践性环节之一，是教学过程中必不可少的重要内容。通过计算机实验和案例分析，使学生加深理解、验证并巩固课堂教学内容；加强对信息系统的综合分析训练；重点掌握信息系统分析、开发的基本方法与工具；培养学生理论与实践相结合的能力。

信息系统分析与设计实验使学生能够更好地掌握信息系统开发技术及开发文档的撰写技能。通过该课程及实验课程的教学，学生能够系统地掌握信息系统开发方法、系统分析与设计的原理、主要系统建模工具在信息系统开发过程中的作用，为能够胜任今后的信息系统开发实践、信息系统开发管理及其他管理工作奠定良好的理论与实践基础。依据教学大纲的要求，通过基础性、综合性和创新性实验教学设计，要求学生能够将专业基础课程的知识点进行梳理，以系统分析与设计课程为核心，建立系统框架，将各门课程的前后衔接关系进行分析，理清信息管理所必备的程序设计、数据库等方面的基础理论与知识脉络。

要求学生深入理解信息系统分析与设计的指导思想，学会使用各种 CASE 工具辅助进行系统开发等，对信息系统的整套工作流程(从需求分析到设计与实现)有一个概括的认识，了解各阶段需要产生的交付成果。通过实验，强化学生的实际动手能力及分析问题、解决问题的能力，培养系统的观点和良好的工作模式，培养良好的工作态度。

二、与其他课程之间的联系

信息系统分析与设计实验课程的前续课程是管理信息系统与应用、数据库系统与应用、JAVA 和 Web 程序设计等，直接后续课程是信息系统开发实践的综合实验，本课程也是毕业设计的重要基础。本课程与其他课程之间的联系如图 1－1 所示。

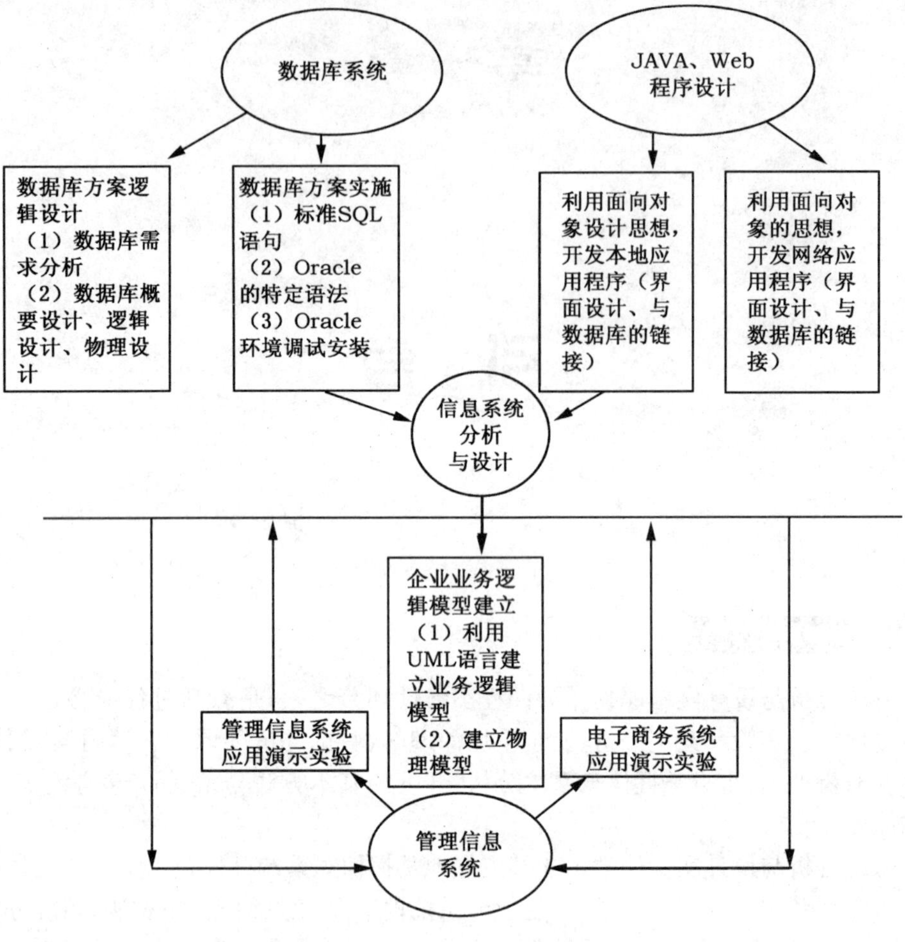

注：◯表示课程；□表示重点实验(课程设计)。

图 1—1 信息系统分析与设计实验课程与其他课程之间的联系

三、实验内容

本实验课程根据课堂教学内容设计了 10 次实验：前 6 次实验为基础性实验，是针对阶段性教学成果的验证和设计性实验；中间 2 次实验为综合性实验；最后 2 次实验为创新性实验（如表 1—1 所示）。

设计性实验分为两个环节：一是示例实验环节，二是独立实验环节。基础性实验环节主要按照实验指导书的具体要求和操作步骤按部就班地实现示例中的内容，其作用在于使学生熟悉和掌握 CASE 工具的运用。

综合性实验环节要求学生从所列开发项目中任选其一，作为其实验的软件开发项目，完成所有实验任务。

创新性实验环节要求学生可以利用现有系统先进行逆向工程，再进行正向再工程，并可以结合需求灵活运用所学知识，实现一定的创新。

表1—1 主要实验内容

序号	实验项目名称	学时	实验性质
1	信息系统项目管理	3	设计性
2	结构化需求分析	3	设计性
3	结构化系统设计	3	设计性
4	系统开发环境配置	3	设计性
5	软件编码与测试	3	设计性
6	UML 面向对象建模	3	设计性
7	结构化开发综合实验	8	综合性
8	面向对象开发综合实验	8	综合性
9	逆向工程实验	10	创新性
10	自选综合实验	10	创新性

四、实验要求

通过集成实验，强化学生对实际问题的分析与理解能力，提升学生独立解决问题的能力，培养系统的观点和良好的工作模式，培养良好的工作态度。具体要求如下：

(1)掌握信息系统开发各阶段所使用的开发工具及文档撰写工具。

(2)独立完成一个系统的系统调查、系统分析、逻辑数据建模、物理数据建模、对象建模，能对实验过程中出现的问题进行独立分析、排除。

(3)撰写简明扼要、文理通顺、图表清晰、结论正确、分析科学的实验总结报告。

(4)实验前要认真预习和复习课堂教学中的有关信息系统开发基本理论方面的内容，明确实验目的，做好实验准备。

(5)结合系统的具体要求，进行详细调查和系统分析，按照要求撰写实验报告。实验报告中需要包含如下内容：

①上机日期、时间。

②课程名或软件名。

③操作过程记录。

④实验总结。

五、实验考核标准

课程考核的基本形式如下：实验后，学生结合实验结果等内容撰写实验报告(如系统分析报告等)，符合实验教学的要求，并得到指导教师的认可。指导教师对每份实验报告进行审阅、评分。实验课程依附于理论课程，实验课的成绩记入课程平时成绩，占总成绩的比例由任课教师指定。实验考核可参照以下几方面进行：

(一)实验内容

实验项目需求理解正确，能准确描述需求并对需求进行结构化处理。

(二)实验结果

流程图绘制符合规范要求，需求表达全面，结果正确。

(三)实验操作

实验操作方法正确,能按照实验指导书要求熟练操作系统开发所需的项目管理工具、绘图工具或开发工具。

(四)实验报告

要求能够独立完成实验报告中要求的各类文档,内容全面,字迹清晰工整。对开发中出现的问题分析正确,并能解决问题。

(五)实验纪律

如果实验总结报告有雷同,均以0分计。无故缺席实验课,实验成绩以0分计,并取消该门理论期末考试资格。特殊情况(事假、病假)必须由本人提出申请,学院主管领导批准,待期末考试前统一补做。

第二章

实验备选系统项目

项目1——学生成绩管理系统

学生成绩管理系统主要为教务部门提供统一的管理平台，提高对学生成绩管理的效率，降低工作失误。该系统需要实现以下基本功能：

(一)成绩管理

成绩管理提供学生考试成绩的基本录入、修改、查询等基本管理功能，以及学生单科成绩以及总成绩的相关统计功能。

(二)考生名单管理

考生名单管理提供对考生名单的基本管理功能，主要是考生名单的录入、修改、删除和浏览、查询等基本功能。

(三)基础数据管理

基础数据管理提供对学校基本数据和考试相关基础数据的管理，包括院系设计、专业设计、班级设置、考试类型设置、考试科目设置和考试学期设置等。

(四)数据库管理

数据库管理就是对现有数据库进行管理，包括数据的备份和恢复，以便用户对数据库进行管理和维护，提高系统安全性。

项目2——高校学生收费系统

每学年新生入学，根据教育部的学生录取名单导入财务收费数据库中，同时学校制定每个专业的收费标准(基本情况是所有入学收费标准都已定制好)，学生按一定的标准缴纳全学年学费，特殊情况可分多次缴纳。学校收费后，进行必要的统计分析。该系统的限制条件如下：

(1)假定目前在校学生约 1.2 万人。设有经济学院、会计学院、金融学院、信息学院等 12 个教学系部，27 个专业。

(2)不同的年度、年级、专业有不同的学费收取标准,以及不同的杂费及代收费的项目与标准。

(3)收费种类包括学费、住宿费、教材费、生活用品费、体检费、公共财产费、其他。

(4)收费方式有现金、刷卡、银行代扣三种。

(5)统计,即按不同条件进行票据查询、账单汇总、班级汇总,统计出应交费、已交费、欠费等数据,并打印与导出各种数据。

项目 3——家教部系统

家教部成员采用手工记录、微信联系等方式沟通教员与家长,这种方式费时费力且效率不高,所以需要建立一个方便家教部成员管理、学生家长及教员查看信息的系统,以提高工作效率。

该系统的具体功能如下:

(1)家长或学生发布需求信息。

(2)教员申请接受学生、家长发布的需求。

(3)家教部成员联系双方进行试课。若试课成功,则该笔订单完成;若试课失败,则继续进行匹配。

(4)学生可查看上课次数、教员信息、收费、历史上课日期等信息。

(5)教员可查看上课次数、学生人数、学生信息、上课时间等信息。

(6)家教部成员可管理教员、学生及订单等信息。

项目 4——在线考试系统

在线考试系统主要包括系统的注册、在线的考试系统、评分系统、在线的管理系统和在线的阅卷系统等。首先是不同用户的注册功能。其次是在线的考试系统,这里要考虑的主要是怎样出题、怎样收集答案、怎样保存,以及怎样判分这些问题。在线的账号管理系统比较简单,就是要对数据库中的系统用户和考试用户进行管理,而管理的项目则包括浏览整个系统的用户,添加、删除用户,以及更改用户的密码。在线的阅卷功能,根据用户答题情况进行自动判分。

在线考试系统的大致功能如下:

(一)登录系统的功能

(1)欢迎页面。

(2)功能选择页面。

(3)各种功能的登录页面及密码验证。

(二)在线考试系统的主要实现功能要求

(1)让用户选择试卷类型

(2)从试题库中随机出题给用户。

(3)将随机试卷保存在暂时表中。

(4)保存用户的答案。

(5)给用户的试卷判分。

(6)保存用户的试卷。

(7)查询用户成绩。

(三)在线账户管理系统的主要功能要求

(1)选择更改账户属性的类别。

(2)浏览整个系统中的各种用户(超级用户、普通用户、添加试题的管理用户和评卷老师用户)

(3)添加包含某项功能的用户。

(4)删除不再需要的用户。

(5)更改用户的密码。

(四)在线阅卷系统的主要功能要求

(1)浏览系统中用户答案情况。

(2)删除某个用户的其中一个答卷或删除某种系统试卷。

项目5——校园二手车交易系统

在大学校园里,学生为了节省路上所花费的时间,会选择购买自行车、电动车、摩托车等代步工具。虽然很多毕业生手中有着二手车想要卖出,入学新生又有买车的需求,但是在新生入学之前,毕业生早已离开学校,所以校园中出现大量废旧的车子,无人问津。校园二手车交易系统可以解决买卖双方之间信息不对称的问题。该系统的限制条件如下:

(1)一个用户既可以买车,也可以卖车。

(2)卖家可发布二手车信息,包括品牌、价格、使用时间、新旧程度等,同时二手车会进入仓库并登记入库信息。

(3)买家选好二手车后可进行预订,填写收货信息,生成订单。

(4)系统根据订单发货,并生成出货单。

(5)买家收到二手车后签收,签收单反馈给系统。

(6)系统根据签收单将费用(已扣除代理费)通过支付宝打给卖家,卖家在收到货款后进行订单确认,该笔交易即成功。

项目6——毕业论文评阅系统

毕业论文撰写和评阅是大学教育中非常重要的环节,随着计算机在大学教育的全面普及,学生也借助计算机完成毕业论文撰写,并向教师提交电子版论文。本系统旨在完成电子化的论文评阅,从而动态地支持毕业论文评阅,并保证整个评阅过程的合理性和有效性。

该系统大致包含以下功能:

(一)系统管理功能

系统管理功能主要是指对后台数据管理,面向系统管理员。系统管理由用户管理、评分标准管理和毕业论文删除三个子功能组成。用户管理主要包括学生信息注册、双专业学生信息、教师信息注册和用户信息删除。评分标准管理包括评分标准新建、现有评分标准查询和评分标准部分或全部内容的删除。毕业论文删除主要是指上传错误的毕业论文后,管理员可以删除,从而使学生重新提交。

(二)毕业论文评阅功能

毕业论文评阅功能由毕业论文上传与下载、评分标准和权重选择、答辩人选择、毕业论文评阅等子功能组成。

(三)毕业论文成绩查询功能

毕业论文成绩查询功能主要包括个人论文成绩查询和论文成绩的查询与统计。学生只能查询自己的论文成绩和同专业学生论文成绩平均分;而教务秘书可以按照不同维度和方式查询和统计学生的毕业论文成绩,方便进行最后信息的整理与归档。

(四)站内信息收发功能

站内信息收发功能由已收信息查看、写新信息(信息回复)两个子功能组成,支持学生、教师、教务秘书和系统管理员之间的消息发送和接收。

项目7——网上众筹系统

正所谓"众人拾柴火焰高",当一个人的能力有限,无法实现一个梦想,无法完成一项任务时,可以聚集众人的力量来完成。众筹系统是一个让梦想照亮现实的地方。实现梦想的过程其实很简单,具体如下:

(1)发起者在系统中发布项目。

(2)管理员对发布的项目进行审核,检查项目是否符合项目规范。

(3)对通过审核的项目,发起者设定筹集资金、限定时间、项目回报等目标。

(4)支持者选择感兴趣的项目进行资助,资金任意。

(5)若项目在限定时间内未获得目标资金,则撤回该项目,且筹集资金返回给支持者;若项目筹资成功,则项目进入实施阶段,并将承诺的回报反馈给用户。

项目8——校内在线订送饮用水系统

针对校内学生客户网上订购饮用水以及送水站的配送订单管理的系统,其实现过程如下:

(1)用户下达订单,订单信息包括用户名、联系方式、宿舍地址等。

(2)系统自动将同一宿舍楼的订单整合成生成配送单。

(3)配送员根据配送单进行配送。

(4)配送成功后,客户进行签收并付费,生成签收单。

(5)水站管理员可以对用户订单、配送单、签收单等进行管理。

项目9——学生职业规划系统

学校信息化建设已经成为现代学校基础建设的一个重要方面,学校职业规划网也将越来越普及。一方面,大学毕业生数量增长快,就业竞争将更加激烈,就业压力进一步加大;另一方面,传统的就业指导服务主要侧重于大四学生,属临阵磨枪型,滞后于高等教育大众化的浪潮。而学校职业规划网的实现有助于将就业指导与学校每位学生的职业发展愿望结合起来,并在任何需要的时候都能对学生提供指导性服务,帮助每位学生发现、培养自我的潜能与创造力,走上最适合自己的职业道路,成为社会最需要的人才,从而提高就业率。

学校职业生涯规划网主要是对本校学生提供在线的职业生涯规划指导，其需求分析如下：

(一)学生用户的主要需求分析

(1)用户注册、登录与注销。

(2)修改个人的基本资料。

(3)查看和提供就业实习信息。

(4)发布和参与在线投票调查。

(5)参与在线性格测试等。

(6)查看、发布各类文章及对各种文章进行评论。

(7)在线提出问题或留言。

(二)管理员的主要需求分析

(1)管理员登录。

(2)发布就业实习信息并对就业实习信息进行管理。

(3)发起、删除投票调查。

(4)发布、删除在线测试。

(5)发表文章并对文章进行管理，并可删除文章评论。

(6)对用户进行管理。

(7)在线回答学生所提问题或留言。

项目 10——影院管理系统

影院管理系统的功能结构如图 2—1 所示。

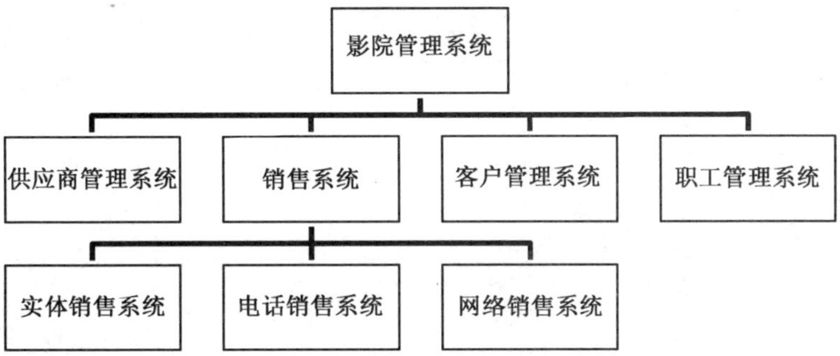

图 2—1　影院管理系统的功能结构

其中，各个子系统的功能如下：

(一)供应商管理系统

(1)主要管理对象是供应商、电影产品。

(2)一个电影产品只能由一个供应商提供。

(3)一个供应商可以提供多个电影产品。

(4)供应商提供产品后，系统录入产品记录。

(二)销售系统(包括实体、电话、网络三大销售系统)

(1)用户可通过实体、电话、网络三种方式购票。

(2)三种购票方式均需要用户提供选择的产品名称、观看时间。

(3)购票成功后系统出票,并生成消费记录。

(三)客户管理系统

(1)主要管理对象是贵宾、消费记录。

(2)贵宾购票有折扣,其他购票流程与普通用户相同。

(四)职工管理系统

(1)主要管理对象是职工、部门。

(2)部员分为实体售票员、电话售票员、网络售票员、系统管理员等。

(3)实体售票员、电话售票员、网络售票员负责对应子系统的售票。

(4)系统管理员负责管理消费记录、贵宾信息、产品记录、供应商信息。

第三章

基础性实验

实验 1——信息系统项目管理

实验目的

- 掌握软件开发的基本流程与方法。
- 掌握软件项目管理的构成要素与项目管理过程。
- 熟练运用项目管理工具，对项目的范围、进度、成本、人员等进行有效管理。

实验要求

- 完成项目范围管理。
- 完成项目进度管理。
- 完成项目资源管理。
- 完成项目综合管理。

实验环境

- Windows 2000 操作系统。
- Microsoft Project 2003。

示例实验

一、项目范围管理

步骤 1：选择特定的信息系统开发项目，制定项目开始时间和结束时间（日期范围），以便创建一个新文件。文件名为“姓名（或第 N 组）——项目管理过程实验”（N 为小组编号）。

具体步骤如下：

(1)从“文件”菜单中选择“新建”命令，生成空白的甘特图视图。

(2)单击“文件”菜单下的“保存”命令，或从工具栏上的保存标识对文件进行保存。

(3)从“项目”菜单中选择“项目信息”命令，将弹出项目信息对话框。

(4)由于项目要求在4个月内完成且越快越好，因此在项目信息对话框的“日程排定方法”下拉列表中设置“从项目开始之日起”，并设置项目优先级。

步骤2:确定项目范围，并对项目进行分解，逐步形成实施项目所需的任务列表(工作分解结构)。

具体步骤如下：

(1)按表的内容依次将任务输入甘特图的任务表中，也可以通过Word或Excel文件导入，如图3—1所示。

通过Word导入的方法：复制任务名称，粘贴即可。

通过Excel导入的方法：

①新建Excel空白表格，粘贴任务文本，加入列名“任务名称”，将工作表名改为“task”，该表格保存为task.xls。

②打开任务向导，“列出项目中的任务”选择“从Excel导入任务”。

③新建映射，将数据追加到活动项目，导入“任务”和包含标题；将“task”设为源工作表名称。

④完成。

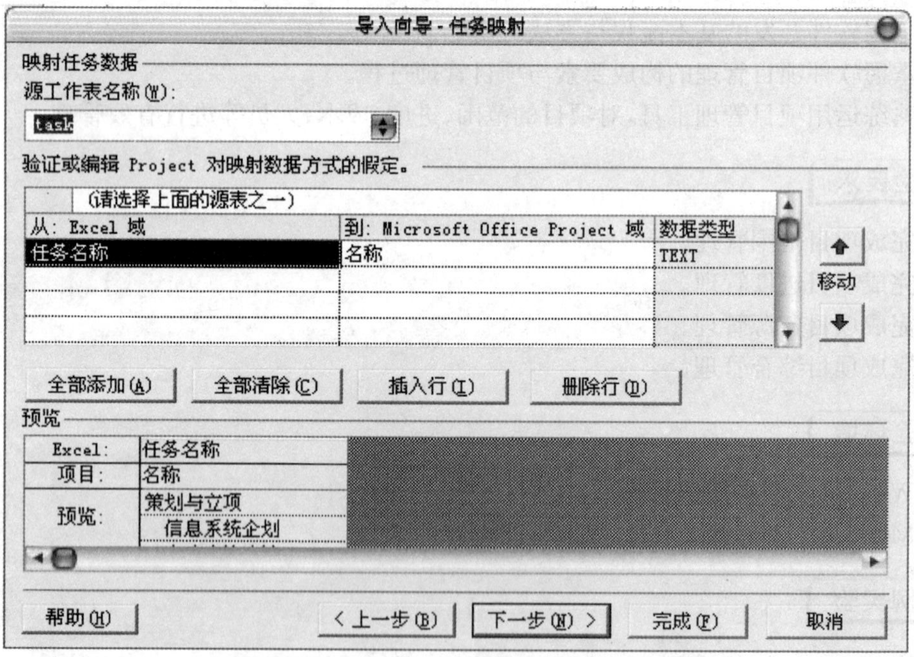

图3—1 通过外部文件进行任务导入

(2)在原先任务基础上加入里程碑。

对于非总成型任务，按住 Ctrl 键，用鼠标在任务表格的序号栏选中相应任务，在工具栏中选择“降级”命令。重复该步骤，建立起任务之间的层级关系，如图 3－2 所示。

	任务名称	工期	开始时间	完成时间
1	**策划与立项**	**1 工作日?**	**2016年11月1日**	**2016年11月1日**
2	信息系统企划	1 工作日?	2016年11月1日	2016年11月1日
3	客户商谈确认	1 工作日?	2016年11月1日	2016年11月1日
4	与客户签订合同	1 工作日?	2016年11月1日	2016年11月1日
5	**系统分析**	**1 工作日?**	**2016年11月1日**	**2016年11月1日**
6	问题分析	1 工作日?	2016年11月1日	2016年11月1日
7	数据需求分析	1 工作日?	2016年11月1日	2016年11月1日
8	过程需求分析	1 工作日?	2016年11月1日	2016年11月1日
9	系统分析规格说明	1 工作日?	2016年11月1日	2016年11月1日
10	**系统设计**	**1 工作日?**	**2016年11月1日**	**2016年11月1日**
11	功能模块设计	1 工作日?	2016年11月1日	2016年11月1日
12	用户界面设计	1 工作日?	2016年11月1日	2016年11月1日
13	代码设计	1 工作日?	2016年11月1日	2016年11月1日
14	数据库设计	1 工作日?	2016年11月1日	2016年11月1日
15	系统设计说明	1 工作日?	2016年11月1日	2016年11月1日
16	**系统实现**	**1 工作日?**	**2016年11月1日**	**2016年11月1日**
17	编码和单元测试	1 工作日?	2016年11月1日	2016年11月1日
18	集成与系统测试	1 工作日?	2016年11月1日	2016年11月1日
19	系统安装与切换	1 工作日?	2016年11月1日	2016年11月1日
20	系统交付	1 工作日?	2016年11月1日	2016年11月1日
21	**试运行**	**1 工作日?**	**2016年11月1日**	**2016年11月1日**
22	运营测试	1 工作日?	2016年11月1日	2016年11月1日
23	用户培训	1 工作日?	2016年11月1日	2016年11月1日
24	项目验收	1 工作日?	2016年11月1日	2016年11月1日

图 3－2　任务的工作分解结构

对于周期性任务，则在“插入”菜单中选择“周期性任务”命令，此时会出现“周期性任务信息”对话框，填入具体信息后单击“确定”按钮，甘特图中便会显示该项周期性任务(如图 3－3 所示)。

添加周期性任务时，要注意将其添加在所有任务之前。例如，召开例会、发布周报等任务需要每周五执行，任务工期较短，则可以将每周和每月的周期性任务的工期均设为“Od”。

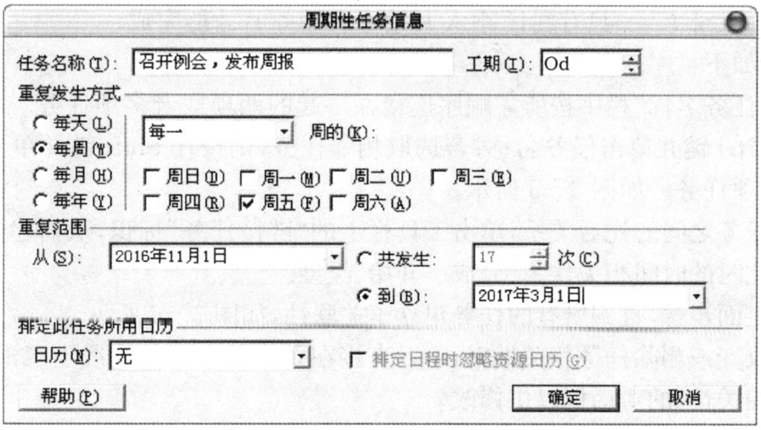

图 3－3　周期性任务添加方法

作业 1

按照上述要求,完成项目的范围管理,并附图。

二、项目进度管理

步骤 1:输入任务工期。

具体步骤如下:

在任务的“工期”微调框中键入所需工期,格式可以是月份、星期、工作日、小时或者分钟。此外,如果要表明该任务的工期是估计值,则应该在后面键入一个问号“?”。对于项目的里程碑,相应的任务工期应该为 0,如图 3—4 所示。

按下 Enter 键。一级任务的工期由二级任务决定,依次类推,无法直接输入。

	❶	任务名称	工期	开始时间	完成时间	前
1		⊞ **召开例会,发布周报**	**80 工作日**	**2016年11月3日**	**2017年2月23日**	
19		⊞ **项目小结,发布项目总结报告**	**86 工作日**	**2016年11月1日**	**2017年3月1日**	
25						
26		⊟ **策划与立项**	**5 工作日?**	**2016年11月1日**	**2016年11月7日**	
27		信息系统企划	5 工作日	2016年11月1日	2016年11月7日	
28		客户商谈确认	1 工作日?	2016年11月1日	2016年11月1日	
29		与客户签订合同	1 工作日?	2016年11月1日	2016年11月1日	
30		⊟ **系统分析**	**1 工作日?**	**2016年11月1日**	**2016年11月1日**	

图 3—4 任务工期设置方法

步骤 2:定义任务的依赖关系。

项目中的任务在时间上的关联性分为以下 4 种情况:

完成—开始(FS)——只有在任务 A 完成之后任务 B 才能开始。

开始—开始(SS)——只有在任务 A 开始之后任务 B 才能开始。

完成—完成(FF)——只有在任务 A 完成之后任务 B 才能完成。

开始—完成(SF)——只有在任务 A 开始之后任务 B 才能完成。

具体步骤如下:

(1)选取“任务名称”栏中按所需顺序连接在一起的两项或者多项任务。若选取不相邻任务,可以按住 Ctrl 键并单击任务名称;若选取相邻任务,则按住 Shift 键并单击希望连接的第一项和最后一项任务。如图 3—5 所示。

(2)根据任务之间的先后关系,单击工具栏上的“链接任务”标识,从而建立任务之间的相关性。注意,此时的时间相关性为“完成—开始”类型。

(3)重复上面步骤,直到所有的任务建立了关联性,如图 3—6 所示。

(4)需要改变或删除任务相关性时,可以直接在条形图之间的连线上双击鼠标,便会出现标题为“任务相关性”的对话框以供修改。

在建立了所有任务之间的关联关系后,可以查看甘特图整体结构,如图 3—7 所示。

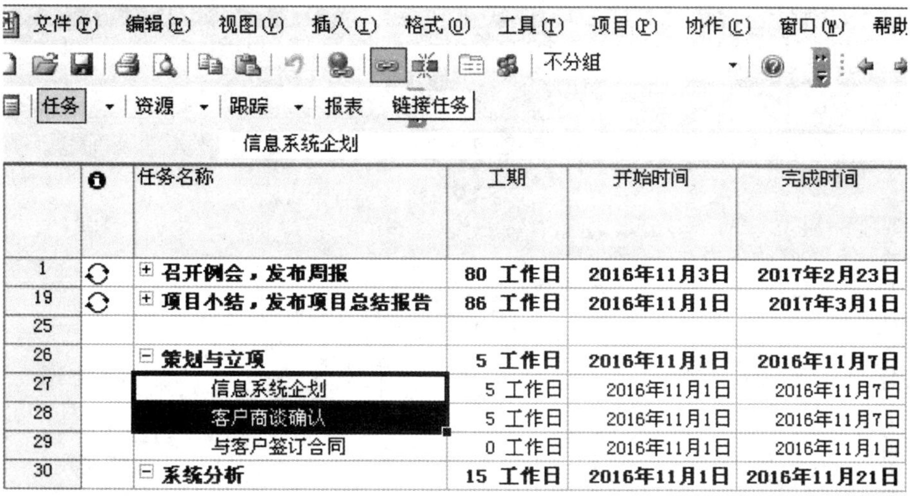

图 3—5 任务之间的依赖关系设定

		任务名称	工期	开始时间	完成时间	前置任务
1	⟳	**⊞ 召开例会，发布周报**	**80 工作日**	**2016年11月3日**	**2017年2月23日**	
19	⟳	**⊞ 项目小结，发布项目总结报告**	**86 工作日**	**2016年11月1日**	**2017年3月1日**	
25						
26		**⊟ 策划与立项**	**10 工作日**	**2016年11月1日**	**2016年11月14日**	
27		信息系统企划	5 工作日	2016年11月1日	2016年11月7日	
28		客户商谈确认	5 工作日	2016年11月8日	2016年11月14日	27
29		与客户签订合同	0 工作日	2016年11月14日	2016年11月14日	27, 28
30		**⊟ 系统分析**	**25 工作日**	**2016年11月15日**	**2016年12月19日**	
31		问题分析	10 工作日	2016年11月15日	2016年11月28日	28
32		数据需求分析	15 工作日	2016年11月29日	2016年12月19日	31
33		过程需求分析	15 工作日	2016年11月29日	2016年12月19日	31
34		系统分析规格说明书	0 工作日	2016年12月19日	2016年12月19日	31, 32, 33
35		**⊟ 系统设计**	**22 工作日**	**2016年12月20日**	**2017年1月18日**	
36		功能模块设计	15 工作日	2016年12月20日	2017年1月9日	32, 33
37		用户界面设计	5 工作日	2016年12月20日	2016年12月26日	32, 33
38		代码设计	3 工作日	2017年1月10日	2017年1月12日	33, 36
39		数据库设计	7 工作日	2017年1月10日	2017年1月18日	32, 36
40		系统设计说明	0 工作日	2017年1月18日	2017年1月18日	36, 37, 38, 39
41		**⊟ 系统实现**	**30 工作日**	**2017年1月10日**	**2017年2月20日**	
42		编码和单元测试	15 工作日	2017年1月10日	2017年1月30日	36
43		集成与系统测试	12 工作日	2017年1月31日	2017年2月15日	42
44		系统安装与切换	3 工作日	2017年2月16日	2017年2月20日	43
45		系统交付	0 工作日	2017年2月20日	2017年2月20日	42, 43, 44
46		**⊟ 试运行**	**7 工作日**	**2017年2月21日**	**2017年3月1日**	
47		运营测试	7 工作日	2017年2月21日	2017年3月1日	44
48		用户培训	3 工作日	2017年2月21日	2017年2月23日	43, 44
49		项目验收	0 工作日	2017年3月1日	2017年3月1日	47, 48

图 3—6 带有依赖关系的任务工作分解结构

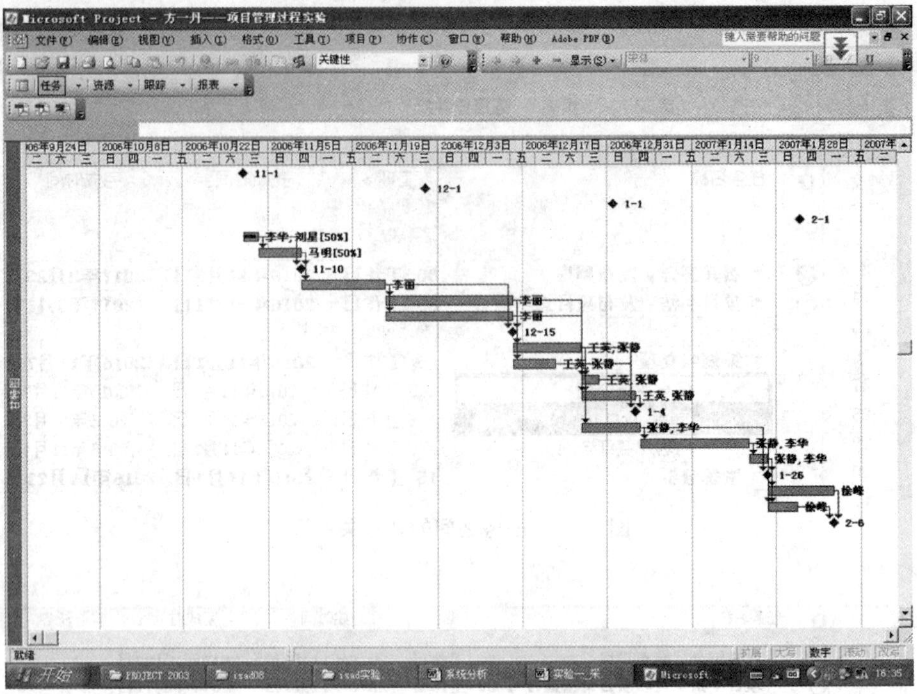

图 3—7 项目的甘特图总览

提示：

（格式——甘特图向导）

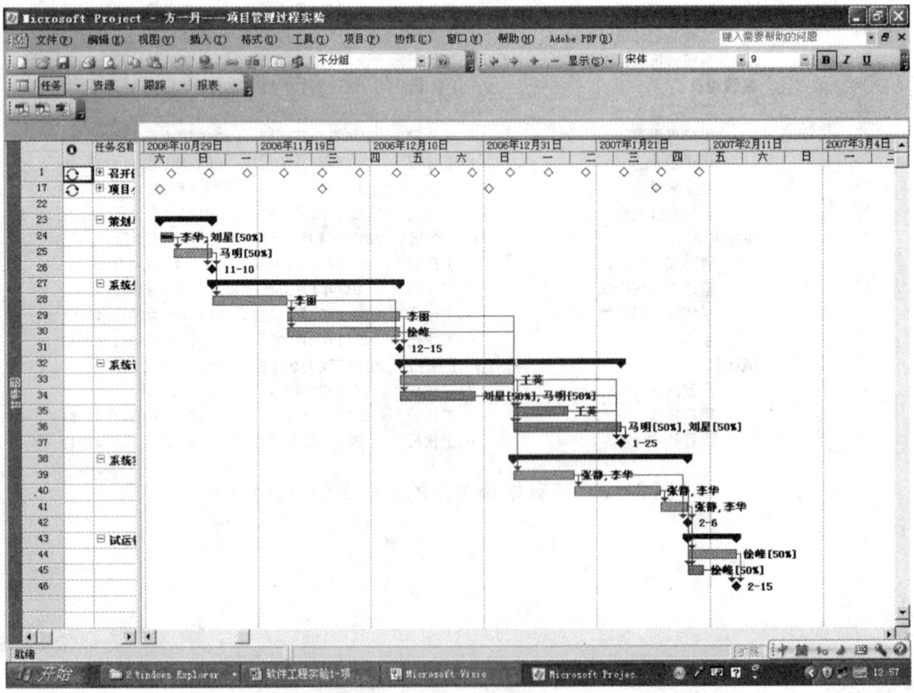

作业 2

按照上述要求，完成该项目的进度管理，显示项目 PERT 图以及甘特图，并显示项目的关键路径。

三、项目资源管理

项目资源分为两类：一类是工时资源，指的是执行工时以完成任务的人员和设备资源。工时资源要消耗时间（工时或者工作日）来完成任务，如项目中的人员、工作组等。另一类是材料资源，即可消耗的材料或者供应品，如混凝土、木材或者钉子等物资。材料资源不能使用资源日历，无法进行资源调配，不能使用加班费率。

（一）增加项目资源

具体步骤如下：

（1）单击“视图栏”中的资源工作图标识，将出现“资源工作表视图”。在其中填入资源名称和相关信息，若要更改资源信息则可以双击，在弹出的“资源信息”对话框中进行设置。在资源类型中可以选择是工时资源还是材料资源，如图 3—8 所示。

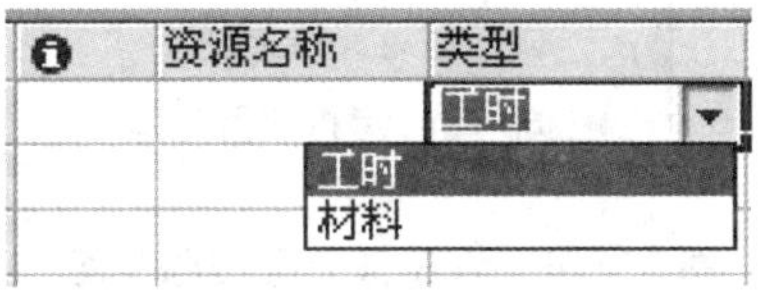

图 3—8　资源类型

注意：如果在项目初始阶段不清楚项目组具体资源构成，需要为项目增加一些通用名称来表示资源，如总体组、商务组、架构组等，或者以角色名表示资源，如“系统分析师”“测试工程师”“系统设计师”等。

（2）要设置资源的最大单位，只要在“资源工作表”视图的“最大单位”列直接输入即可，如图 3—9 所示。如果在资源工作表中出现红色，即代表该资源被过度使用。若该资源的最大单位为 100%，则显然存在过度使用，需要进行调整。

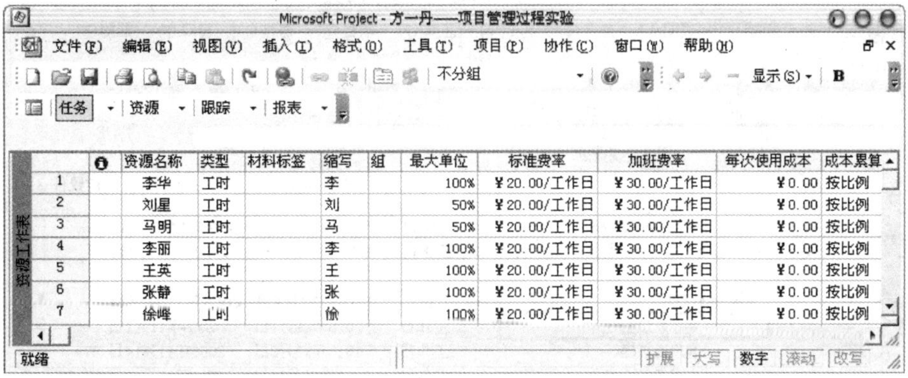

图 3—9　资源最大单位设定

注意:Project 设置最大单位的依据是资源的工作日历。比如,一项资源的工作日历是一周工作 40 个小时,则 100%的最大单位就是一周工作 40 小时,50%的最大单位就是一周工作 20 小时。

(二)为任务分配资源

具体步骤如下:

(1)在“项目向导”工具栏点击“资源”,在弹出窗格中点击“为项目指定人员和设备”选项,将打开“指定资源”窗格,输入资源名称,如图 3—10 所示。

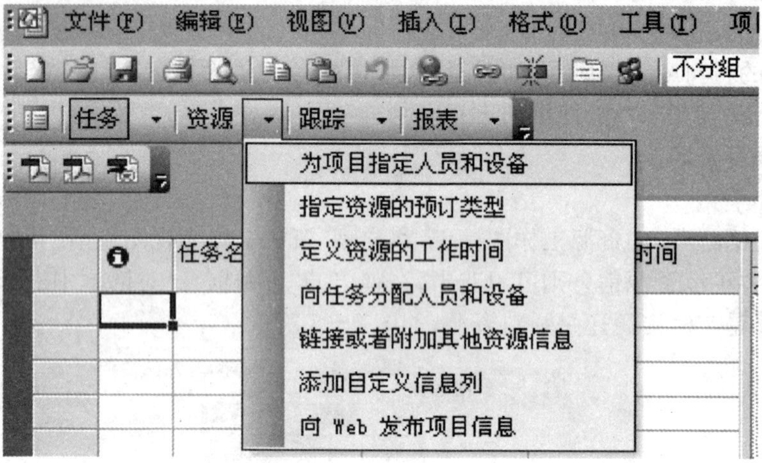

图 3—10 为任务分配资源视图

(2)或者在甘特图视图中,选中任务,单击工具栏上的分配资源标识,或者执行“工具”菜单下的“分配资源”命令,将弹出“分配资源”对话框。

(3)在甘特图中,双击某一任务,选择“资源”选项卡,可设置各资源的使用单位,即资源的使用率。

(4)选择要分配的资源,单击“分配”按钮,即可将选定的资源分配给相关任务,如图 3—11 和图 3—12 所示。

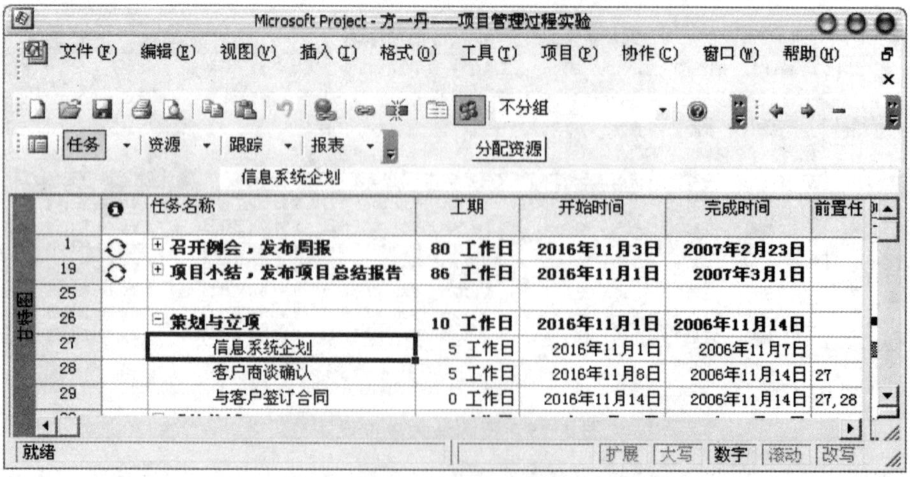

图 3—11 将资源分配给具体任务

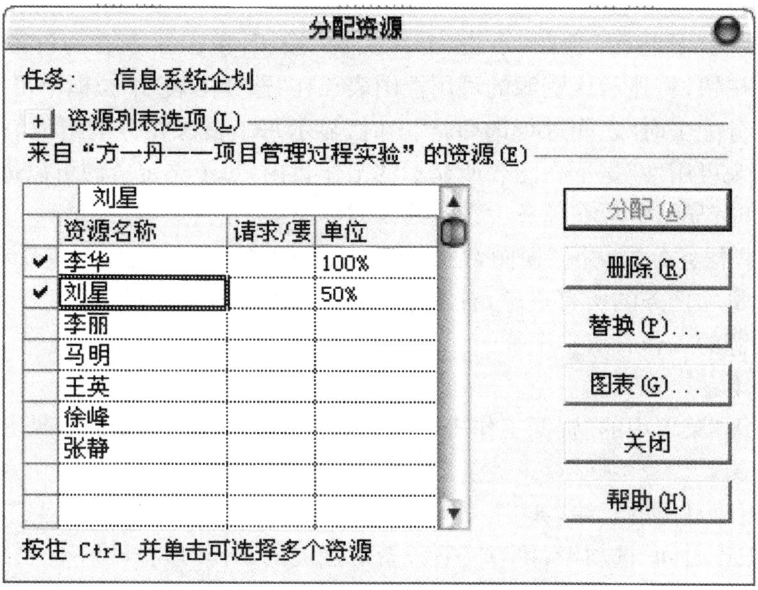

图 3—12 分配给某个任务的具体资源

当添加多个资源到同一任务时,会出现以下提示框(如图 3—13 所示),可根据需要进行选择。

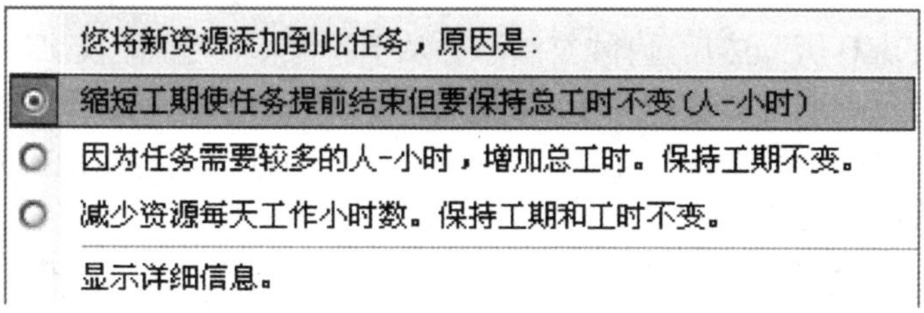

图 3—13 多个资源配置给同一任务时的选择

但是在资源工作表中若出现红色(如图 3—14 所示),即代表该资源被过度使用。如李丽,在同一工期内要完成数据需求分析和过程需求分析两项任务。若该资源的最大单位为100%,则显然存在过度使用。

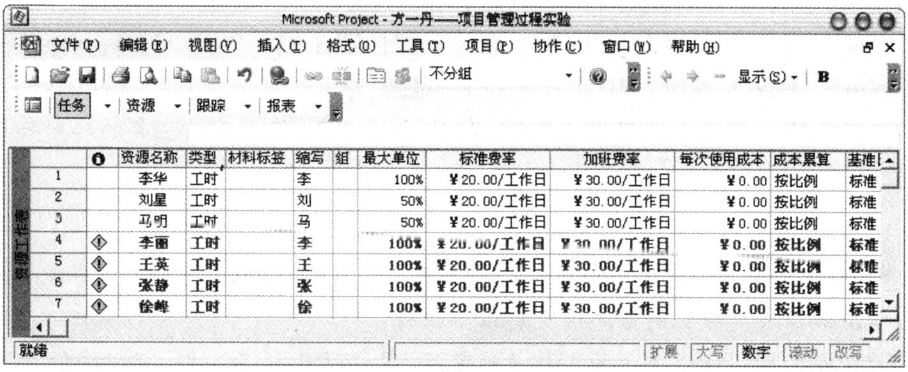

图 3—14 资源过度分配时的情景

(三)查看项目资源分配

方式1:切换到"甘特图"视图,点击"分配资源"按钮,单击要查看的资源。例如,"王××",单击"图表"按钮,将显示该资源的可用性图表。在"选择图表"下拉框中可以在"工时""剩余可用性""工作分配工时"之间进行选择。"工时"显示每个资源在分配给他们所有任务中话费的总工时;"剩余可用性"显示在图表所显示的工作日内,每个选定资源可以进行工作的工时数;"工作分配工时"显示资源在任务中花费的工时数。

方式2:使用"任务分配状况"视图,把资源和任务直接用列表统计方式显示,左侧是任务名称以及分配给每项任务的所有资源,右侧是资源的详细工时统计日历。

(四)设置资源的工作日历

具体步骤如下:

(1)执行"视图"菜单中的"资源工作表"命令,或点击"视图栏"中的"资源工作表",切换到"资源工作表"视图。

(2)选择要更改日历的资源,如"王××",然后单击工具栏上的"资源信息",在"资源信息"对话框中选择"工作时间"选项卡,可以查看该资源当前的工作时间日历。

(3)假设王××在2016年10月1~20日请假,则选中"2016年10月1日—2016年10月20日",将该段日期设置为"非工作日",按"确定"完成设置。

上述步骤是为单个资源设置日历,如果是为多个资源设置日历,则可以通过创建新基准日历的方法,具体步骤如下:

(1)选择"工具"菜单下的"更改工作时间命令",然后单击"新建"按钮,在对话框的"名称"列中输入"技术组夜班日历",然后选择"复制",并从下拉菜单中选择"夜班"日历。

(2)假设某个月每周六都要加班,则可以按住Ctrl键用鼠标在日历上选中所有星期六的日期,选中"非默认工作时间"单选按钮,在"工作时间栏"中输入预定的加班时间。

(3)完成日历创建后,可以把"技术组夜班日历"分配给相关资源。方法是选中相应资源,然后在"资源信息"对话框的"工作时间"选项卡中从基准日历中选择"技术组夜班日历"。

(五)修改资源分配对任务工期的影响

在默认情况下,Microsoft Project 2003使用"投入比导向"的日程控制方法,即认为任务的总工时是不变的,将人员分配给任务或者从任务中删除人员时,系统将根据任务分配的资源总量延长或者缩短任务工期,但不会更改任务的总工时。当最初为任务分配了第一个资源后,系统将自动计算任务的总工时,在以后为同一任务添加资源或者删除资源,最初计算的总工时不会更改,而工期会随着资源分配数量自动进行调整。

例如,某任务分配给A,该任务工期为3个工作日,即3×8=24小时。现将该任务也分配给B,即任务由A、B两人平均分担,则任务的工期减少为1.5天。

注意:一旦任务工期发生了变化,Microsoft Project 2003将对后续任务的起始日期自动做相应的调整。

提示:

在上述案例中,存在资源过度分配的现象,请采取下列方式之一解决资源过度分配的问题。

注意:解决资源过度分配的方式通常有以下三种:

(1)延长任务工期。当任务上的工作量确定后,通过延长任务工期,可以降低资源每单位时间的用量。但如果该任务是关键性任务,则会影响项目的总工期,因此要权衡利弊。

(2)增加资源总量。但缺点是,增加资源总量后成本也会相应增加。

(3)安排资源在加班时间工作。采用这种方式,可以缩短任务工期,也可以适当缓解资源冲突问题。

作业 3

按照上述要求,完成该项目的资源管理,显示项目任务的资源分配情况,并自行解决资源过度分配的问题。

四、项目综合管理

(一)使用项目基准计划

一般情况下,在完成项目计划的制定并通过项目执行组织的书面批准后,注意应当将原始计划保存为比较基准计划。比较基准计划是在保存比较基准时得到的项目信息的快照,包括一组关于项目开始、完成、工期、工时和成本的参照值,是用于衡量项目变化的参照点。项目进行过程中可以定期将比较基准计划中的信息与项目中最新的进展信息进行比较。

具体步骤如下:

(1)选择“工具”菜单下的“跟踪”子菜单,然后单击“保存基准计划”命令。

(2)在对话框中选择“保存比较基准”和“完整项目”两个选项,然后单击“确定”按钮,如图3—15所示。

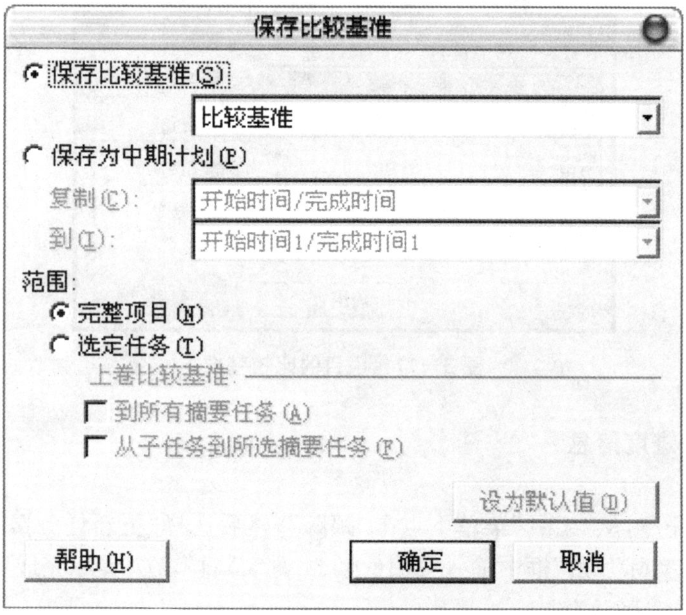

图3—15 项目的基准计划

(二)查看比较基准计划

1. 使用“项目统计”对话框

点击“项目”菜单下的“项目信息”,在“项目信息”对话框中单击“统计信息”按钮,可以启动“项目统计”对话框。在此可以看到项目的比较基准开始时间、完成时间,以及比较基准的工期、工时和成本。同时,还可以查看到项目当前计划的信息、实际情况的数据和产生的差异。如图 3—16 所示。

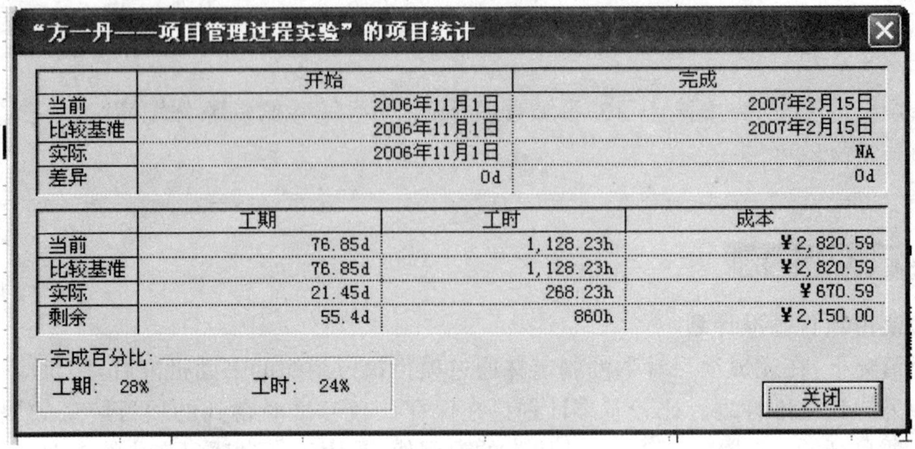

图 3—16　项目统计信息

2. 使用"比较基准表"

在"甘特图"或者"跟踪甘特图"视图上执行"视图"菜单下的"表"命令,然后选择"其他表",在"其他表"对话框中选取"比较基准",点击"应用"按纽即可,如图 3—17 所示。

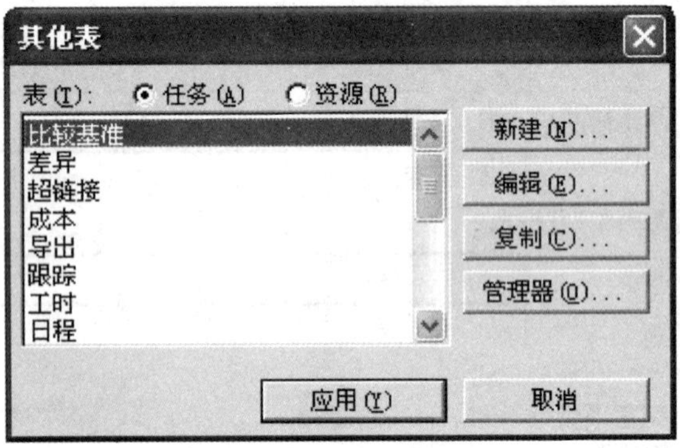

图 3—17　项目的比较基准

(三)跟踪任务进度信息

具体步骤如下:

(1)选择某项任务,从"工具"菜单下点击"跟踪",然后选择"更新任务",将出现"更新任务"对话框。例如,在"实际开始"框中输入"2016 年 11 月 12 日",在"实际完成"框中输入"2016 年 11 月 20 日",然后按"确认"键。

(2)操作完成后,系统自动计算"完成百分比""实际工期""剩余工期"等相关数据域的值,并将实际数据复制到当前计划的"开始时间""完成时间""工期"等数据域中。再次打开"更新任务"对话框,如图 3—18 所示。

注意:如果不输入"实际开始时间",系统默认为任务是按照计划开始,将当前计划的"开始时间"作为"实际开始时间"。也可以通过输入"完成百分比",或者"实际工期""剩余工期"进行更新。

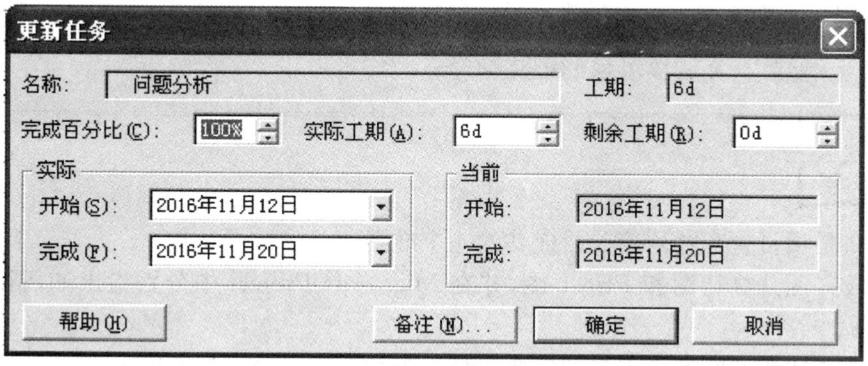

图 3—18　任务进度信息跟踪

(3)在“任务信息”对话框中设置目前的任务进度信息。如任务为“信息系统企划”，实际开始日期为 2016 年 11 月 1 日，在工期为两天时，已完成总进度的 100%。

(四)使用项目进度线

如果要为项目进度创建一个可视化的表示方法，可以在甘特图中显示进度线。进度线是根据设定的状态日期构建的一条垂线。此线与每个任务进度相联系，对于落后于日程的工时，顶点指向左侧；对于提前于日程的工时，顶点指向右侧。顶点与垂直线的距离指示任务在进度或状态日期上超前或者落后于日程的程度。

具体步骤如下：在“跟踪”工具栏上单击“添加进度线”图标，再单击要绘制进度线的“甘特图”区域。如果要删除进度线，则双击该进度线，选中“日期与间隔”选项卡，在“进度线日期”列表中选择进度日期，再单击“删除”。进度线的显示如图 3—19 所示。

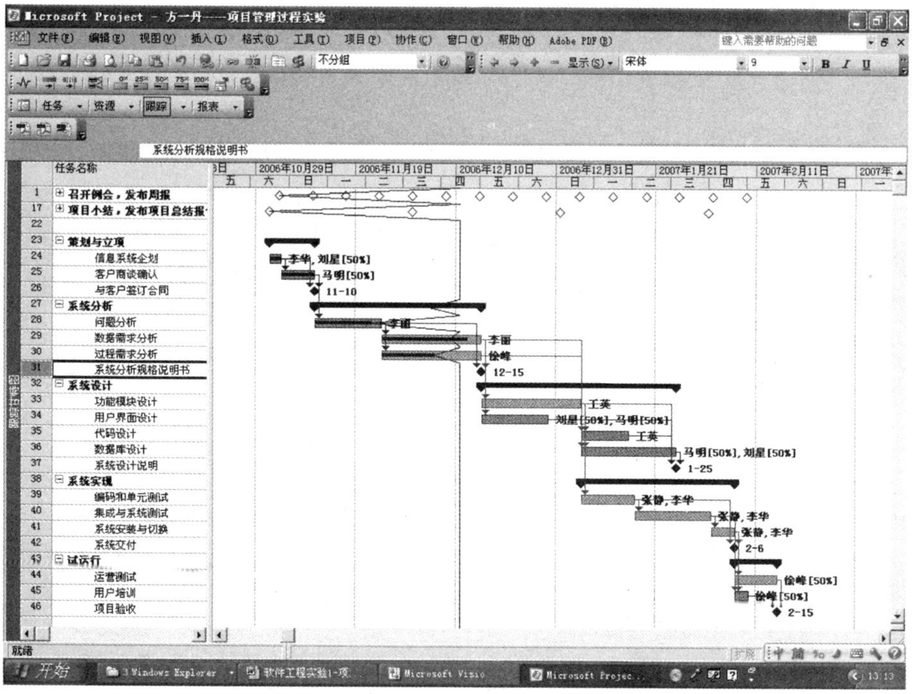

图 3—19　项目进度线

作业 4

按照上述要求，完成该项目的跟踪管理。

实验思考

(1)什么是项目管理？列出项目成功的 4 个准则。

(2)比较并区分甘特图和 PERT 图，并在 Microsoft Project 中分别指出如何得到甘特图和 PERT 图。

(3)工作陈述在范围定义中扮演什么角色？为什么它对项目管理很重要？

(4)什么是工作分解结构？Microsoft Project 中如何查看工作分解结构？

(5)区别任务与里程碑。在 Microsoft Project 中，任务和里程碑在工期设置上有什么不同？

(6)列出 4 类任务之间的依赖关系，并能够在 Microsoft Project 中实现。

(7)资源调配可以有哪几种方式？

(8)什么是一个项目的关键路径？如何在 Microsoft Project 中显示该关键路径？

实验 2——结构化需求分析

实验目的

- 了解软件需求分析的方法和步骤。
- 掌握业务流程图和数据流图的绘制方法。
- 能够运用 CASE 工具对数据流进行分析与描述。
- 掌握数据字典的作用。

实验要求

- 完成数据流图。
- 完成数据字典。
- 完成业务流程绘制。

实验环境

- Windows 2000 操作系统。
- Microsoft Project 2003。

示例实验

一、数据流图

(一)掌握 DFD 的基本表示方法

数据流图用于描述系统的分解,即描述系统由哪些部分组成,说明各部分之间的关联。其基本表示方法如表 3—1 所示。

表 3—1　　数据流图的基本表示方法

标识	工具图标	说 明
处理过程	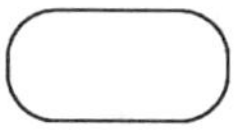	对数据执行某种变换或者操作,是把输入数据转变成输出数据流的一种变换
外部实体		代表系统之外的人、物或者组织,它们发出或者接受系统的数据
数据存储	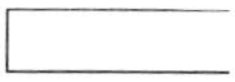	存放数据的文件或者数据库等
数据流		描述数据流中各种成分的接口

(二)数据流图示例

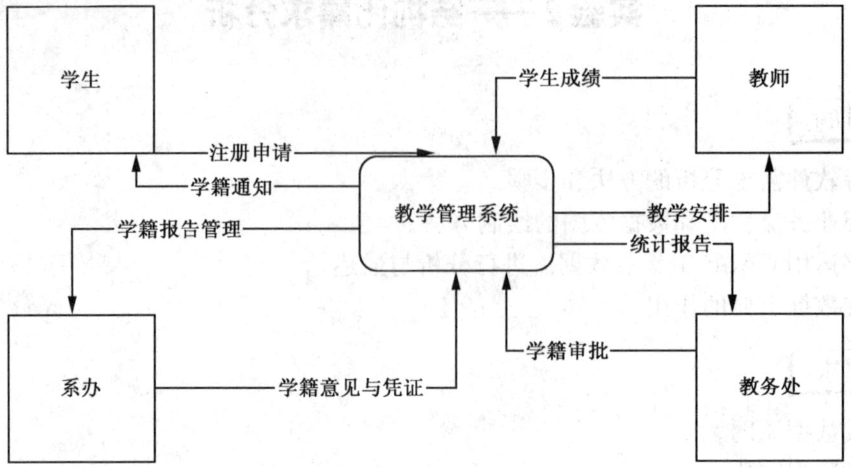

图 3—20　顶层图示例

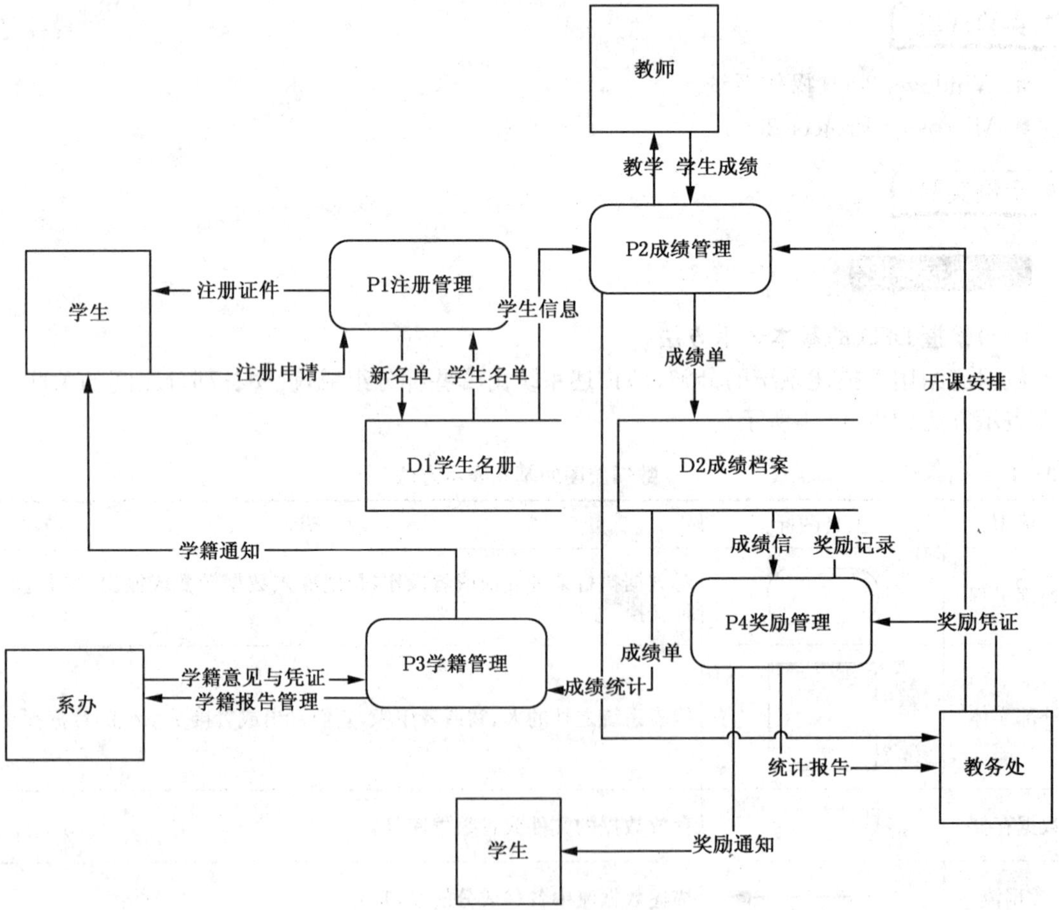

图 3—21　一层图示例

二、数据字典

(一)数据流条目举例

数据流名称:订单

别名:无

简述:顾客订货时填写的项目

数据流来源:顾客

数据流去向:处理1“检验订单”

数据流组成:编号+订货日期+顾客编号+地址+电话+银行账号+货物名称+规格+数量

(二)数据存储条目举例

数据存储名称:库存记录

别名:无

简述:存放库存所有可提供货物的信息

流入的数据流:来源是处理3.1“根据进货单修改库存”以及处理2.1“根据提供货单修改库存”

流出的数据流:去向是处理1.2“确定能否供货”

数据存储组成:货物名称+货物编号+生产厂家+单价+库存量

组织方式:索引文件,以货物编号为关键字建立索引

查询要求:要求立即能够查询

(三)数据项条目举例

数据项名称:货物编号

别名:Goods_No

简述:本公司所有货物的编号

类型:字符串

长度:10

取值范围及含义:第1位,进口/国产;第2~4位,类别;第5~7位,规格

(四)处理条目举例

处理名称:确定能否供货

编号:1.2

简述:货物库存量是否满足顾客需求

激发条件:接收到合格订单时

优先级:普通

输入:合格订单

输出:可供货订单、缺货订单

处理逻辑:根据库存记录

```
IF   订单项目的数量<该项目库存量的临界值
THEN   可供货处理
ELSE  此订单缺货,登记,待进货后再处理
END IF
```

实验3——结构化系统设计

实验目的

- 了解软件设计的方法和步骤。
- 掌握软件程序设计的方法与工具。
- 运用CASE工具对数据库进行设计。

实验要求

- 完成数据库设计。
- 完成系统概念数据模型。
- 完成系统物理数据模型。
- 完成系统数据表设计。
- 完成软件功能模块设计。
- 完成软件结构图设计。
- 完成程序模块设计(程序流程图、问题分析图、盒图、过程设计语言)。

实验环境

- Windows 2000操作系统。
- Microsoft Visio。
- PowerDesigner。

示例实验

一、概念数据模型

建立步骤如下:

(一)确定业务问题

在业务流程建模(Business Process Modeling,BPM)中已经明确了业务流程问题,在此基础上提炼出需要存储的信息。其中包括与业务有关的实体、实体间关系、特殊的业务规则等,这些问题作为建立概念数据模型的基础。

(二)建立实体与属性

(1)选择"File-New"菜单项,在该窗口选择要建立的模型类型——"Conceptual Data Model",即概念数据模型,简称CDM模型。

(2)单击"OK"按钮,打开CDM工作区。工作区包括左侧浏览窗口、右侧设计窗口、下侧输出窗口和浮动的工具窗口,可以利用工具窗口中的图标在设计窗口中设计E-R图。

(3)选择工具窗口中的实体图标,光标变成该图标形状,在设计窗口的适当位置单击鼠标,在单击的位置上出现实体符号。

(4)在设计窗口的空白区域,单击右键使得光标变为箭头形状,然后选中该实体并双击,打开实体属性窗口。Name是指实体的名字,可用中文表示。Code表示实体代码。Comment表示注释。

(三)建立实体之间的联系

定义好实体之后,需要为它们建立联系。建立联系的具体过程如下:

(1)选择工具窗口中的 Relationship 图标,单击第一个实体,按住鼠标的同时将光标拖曳至第二个实体上,然后释放左键,即建立了一个默认联系。

(2)选中图中所定义的联系,双击则打开“联系属性”(Relationship Properties)对话框。在“General”页中定义联系的常规属性。

(四)定义概念模型的属性

一个信息系统可能划分为多个模块,每个模块都需要建立对应的 CDM 模型。为使每个模型清晰地描述各自的业务问题,并且方便管理,需要给每个 CDM 模型定义特定的属性。具体方法如下:

打开所建立的 CDM 模型,选择“模型属性”(Model-Model Properties)菜单项,打开该模型的属性窗口进行设置,然后保存模型。

(五)定义概念模型的显示参数

建立 CDM 模型前,需要选择 CDM 的显示参数,有助于 CDM 模型更加准确地描述系统信息。定义显示参数的具体方法如下:

打开所建立的 CDM 模型,选择“Tools-Display Preferences”菜单项,在“General”页中设置基本显示参数。在“Object View”属性项中可以定义所有对象名称长度以及每个实体的属性。在“Format”中可以定义显示格式,包括实体图形符号的宽度和高度。在该窗口中,如果选择“Auto adjust to text”属性,则在 CDM 模型中建立的实体图形符号的高度和宽度可以随着其中输入的字符自动调整。

(六)定义概念模型的选项

CDM 模型选项包括 Model 和 Naming Convention 两类。Model 用来设置整个模型选项,Naming Convention 用来设置每种对象的命名约定。具体方法如下:

(1)打开 CDM 模型,选择“Tools-Model Options”菜单项,打开“模型选项”窗口,进行设置。

(2)单击“Naming Convention”,进行设置后保存。

(七)创建概念数据模型域

域是某个或者某些属性的取值范围,域的定义可以使不同实体的属性标准化更加容易。域可以与数据类型、长度、精度、检查参数和业务规则等内容联系起来。创建域的具体方法如下:

(1)选择“Model-Domains”菜单项,弹出“域列表”(List of Domains)窗口。

(2)单击该表中一个空行,或者单击“Add a Row”工具,在第一个空白行首会出现一个右箭头。输入名称和代码或者输入名称,然后在代码列单击“=”按钮,或者输入代码再在名称列单击“=”按钮。双击右箭头,打开域属性窗口,在其中定义域的详细属性。

(3)为域选择数据类型。定义完后,单击“OK”按钮保存修改,并返回域属性定义窗口。

(八)定义数据项

数据项是数据字典的基本信息单位。除了直接为实体创建属性外,还可以先定义数据项,然后再把它连接到实体上。定义新数据项的方法如下:

(1)选择“Model-Data Items”菜单项,打开“数据项列表”(List of Data Items)窗口。

(2)单击该表中一个空行，或者单击“Add a Row”工具，在第一个空白行首会出现一个右箭头。输入名称和代码或者输入名称，然后在代码列单击“=”按钮，或者输入代码再在名称列单击“=”按钮。

(3)为数据项选择数据类型，单击“OK”按钮，并单击数据项列表中另一数据项行。

(九)管理和检查 CDM 模型

在创建 CDM 模型的过程中，必须遵循一些基本准则。由于系统复杂，需要随时对 CDM 模型的正确性进行检查。检查之前可以通过设置检查参数来定义错误级别，检查之后可以对问题进行更正。

设置错误级别的方法如下：

(1)打开 CDM 模型，选择“Tools-Check Model”菜单项，打开“Check Model Parameters”窗口，在“Options”页中进行错误级别和自动更新选项设置。

(2)选择“Selection”页，在该页中选择要检查的对象。

(3)设置完毕后，单击“确定”按钮，开始检查 CDM 模型。如果发现错误或者警告，系统将显示提示信息。

检查整个 CDM 模型的具体方法如下：

(1)打开 CDM 模型，选择“Tools-Check Model”菜单项，打开“Check Model Parameters”窗口，在“Options”页中选中每个要进行检查的节点前的复选框。

(2)选择“Selection”页，在该页中选择要检查的模型和对象。

(3)设置完毕后，单击“确定”按钮，开始检查 CDM 模型。如果发现错误或者警告，系统将显示提示信息。也可以使用“Check”工具栏进行错误更正。如果“Check”工具栏没有显示，则可以选择“Tools-Customize Toolbars”菜单项，弹出“自定义工具栏”窗口，选择“Check”复选框。

(4)选中结果列表窗口中的某个 Warning，单击右键弹出菜单，通过菜单项进行更正或者重新检查。如果是 Error，则弹出另外的菜单。

(5)按照“Check”工具栏提示的错误和警告进行纠正，直到没有问题为止。

(6)所形成的 CDM 模型如图 3—22 所示。

二、物理数据模型

CDM 模型完成的只是信息系统的逻辑数据模型，在数据库的物理设计阶段还必须在此基础上进行详细的后台设计，只有将 CDM 模型转换成 PDM 模型(即物理数据模型，英文全称为 Physical Data Modal)，才能完成这个阶段的设计工作。

在将 CDM 模型转换成 PDM 模型之前必须选择一种 DBMS(数据库管理系统的英文简称)作为目标数据库，将 CDM 模型中定义的实体属性的数据类型转换为目标数据库对应的类型。逻辑数据模型与物理数据库中数据类型的转换关系在 DBMS 的定义文件中指定。

将 CDM 模型转换成 PDM 模型的具体过程如下：

(一)生成 PDM 的过程和选项

(1)打开 CDM 模型，选择“Tools-Generate Physical Data Model”，打开“PDM Generation Options”窗口，在“General”页中选择生成 PDM 的方式和参数。选择“Generate New Physical Data Model”，表示生成新的 PDM；选择“Update existing Physical Data Model”，则与已经存在的 PDM 合并生成新的 PDM。

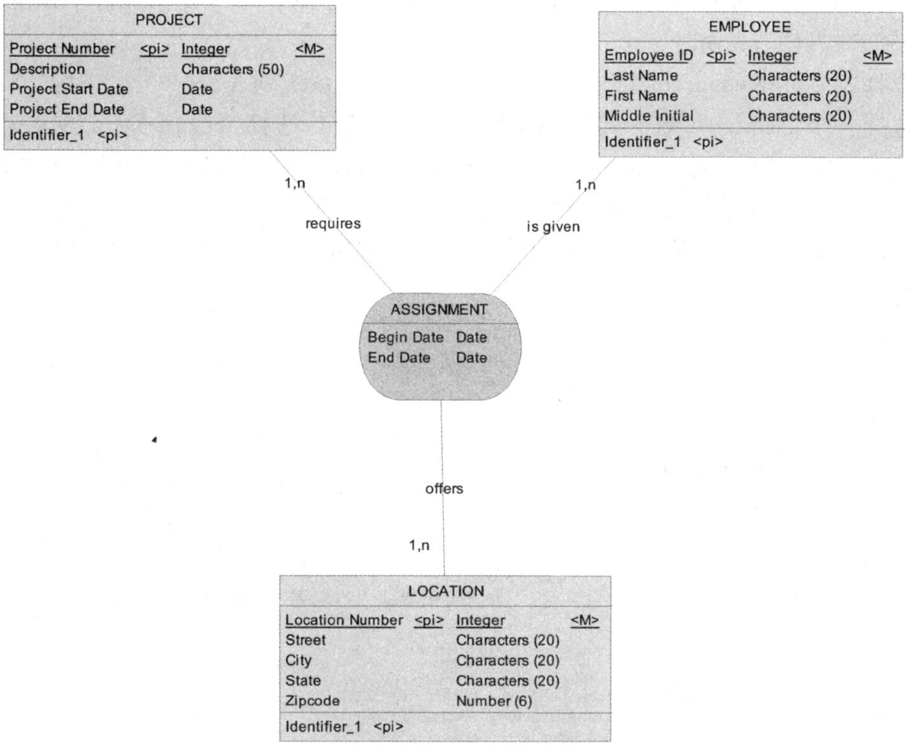

图 3－22　CDM 模型示例

(2)选择“Detail”页，进行细节选项设置。

(3)选择“Selection”页，选择要转换为 PDM 表的实体。

(4)单击“确定”按钮，开始生成 PDM，在“Result List”窗口中显示在处理过程中出现的警告、错误和提示信息。根据提示对出现的警告和错误进行修改。如果 PDM 中显示的信息太多，难以阅读，可以通过更改“Tools-Display Preferences”菜单项设置以减少显示的信息。

(二)从 CDM 模型到 PDM 模型的标识符与联系的转换

CDM 模型中的主键生成 PDM 模型中的主键和外键，次键生成候选键。CDM 模型中的联系所定义的依赖类型和基数决定键的类型，具体如下：

(1)在非依赖的一对多联系中，联系连接“一”端实体的主键转换为两项：一项是该实体生成的表的主键，另一项是“多”端实体生成的表的外键。

(2)在非依赖的一对一联系中，一个实体的主键转移到另一个实体生成的表中做外键。

(3)在非依赖的多对多联系中，两个实体的主键迁移到一个新表(中间表)中，同时做该表的主键与外键。

(4)在依赖的一对多联系中，非依赖实体的主键转换成依赖实体生成表的主键和外键。如果依赖实体本身存在主标识符，则依赖实体的主键也将转换成它生成的表的主键，两个主键联合做依赖实体生成表的主键。

(三)从 CDM 模型到 PDM 模型数据类型的转换

CDM 模型只是用来实现系统的概要设计，其中实体属性的数据类型与将来真正使用的 DBMS 中的数据类型并非一一对应。当 CDM 模型生成 PDM 模型时，实体属性的数据类型会被转换成当前 DBMS 所支持的数据类型，这种转换关系是在 DBMS 定义文件中预定的。如果需要适当修改，具体方法如下：

(1)选择“Tools-Resources-DBMS”，打开数据库管理系统列表。

(2)选择一个 DBMS 并双击，激活 DBMS 的属性窗口，选择“Script-DataType-PhysDataType”节点，在窗口右侧的“PhysDataType”栏和“Internal”栏可以观察到当前的 DBMS 和 PowerDesinger 分别支持的数据类型的对应关系。

(3)可以根据需要进行修改，修改后单击“确定”按钮，返回到“List of DBMS”窗口，单击“Close”按钮即可。

(4)所形成的 PDM 模型如图 3－23 所示。

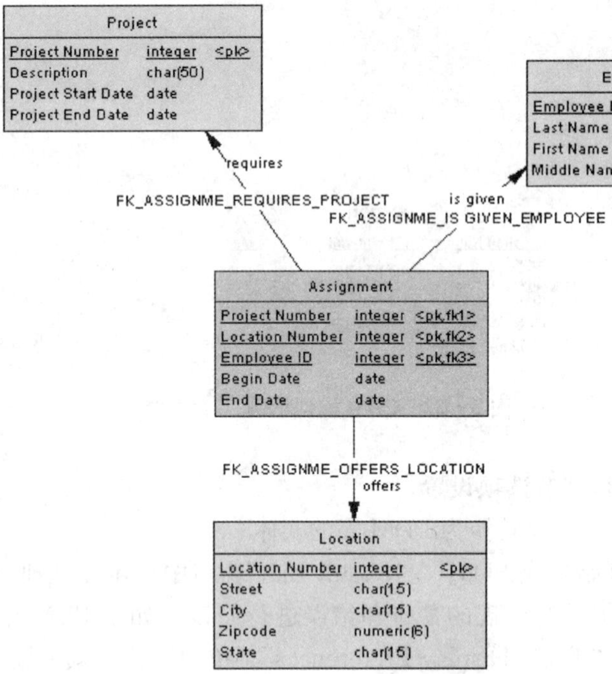

图 3－23 PDM 模型示例

三、创建数据表

Employee表

EmployeeID	LastName	FirstName	MiddleName

Location表

LocationID	Street	City	Zipcode	State

Project表

ProjectNumber	Description	ProjectStartDate	ProjectEndDate

Assignment表

ProjectNumber	LocationNumber	EmployeeID	BeginDate	EndDate

图 3－24 数据表结构示例

四、软件设计

(一)功能模块设计

功能模块设计是将系统划分成若干个功能模块，每个功能模块完成一个子功能，再把这些模块组合成一个整体，如图 3－25 所示。

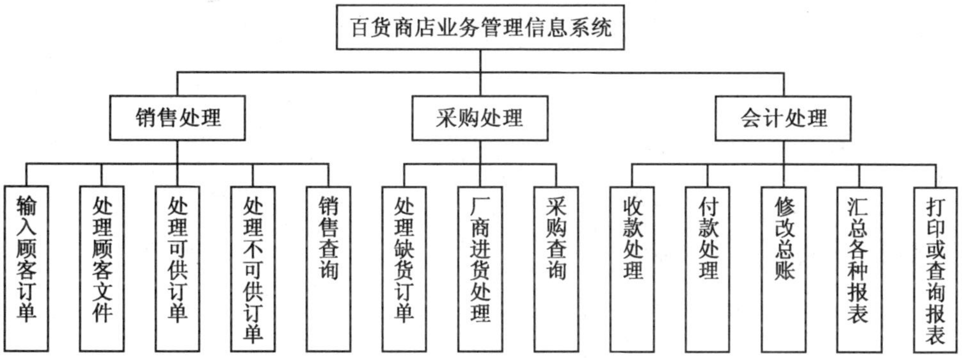

图 3－25　系统功能模块示例

(二)软件结构图设计

软件结构图是为了反映软件系统中组件之间相互关系和约束的体系结构设计图，一般反映软件模块之间的数据传递和调用关系，如图 3－26 所示。

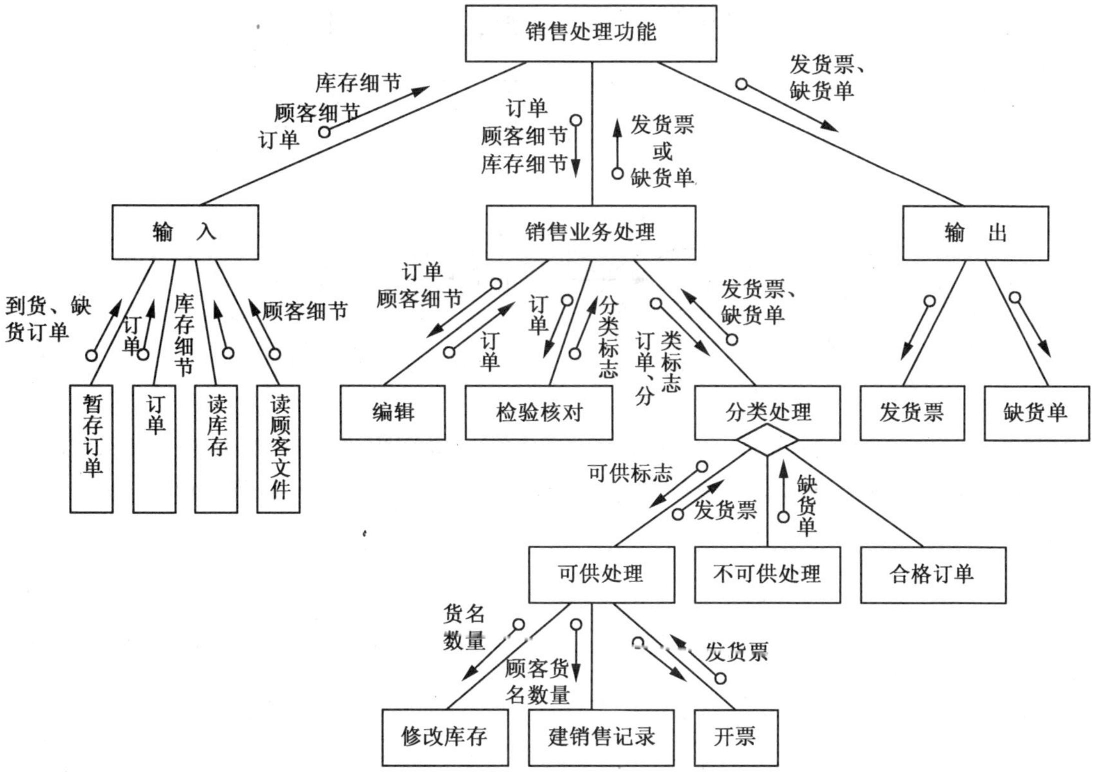

图 3－26　软件结构图设计示例

(三)程序模块设计

程序模块设计主要是指系统的详细设计,可以选择程序流程图、问题分析图、盒图、过程设计语言等中的一种工具进行程序模块设计。程序流程图是程序分析中最基本、最重要的分析技术,它是进行程序流程分析的最基本的工具,如图 3-27 所示。

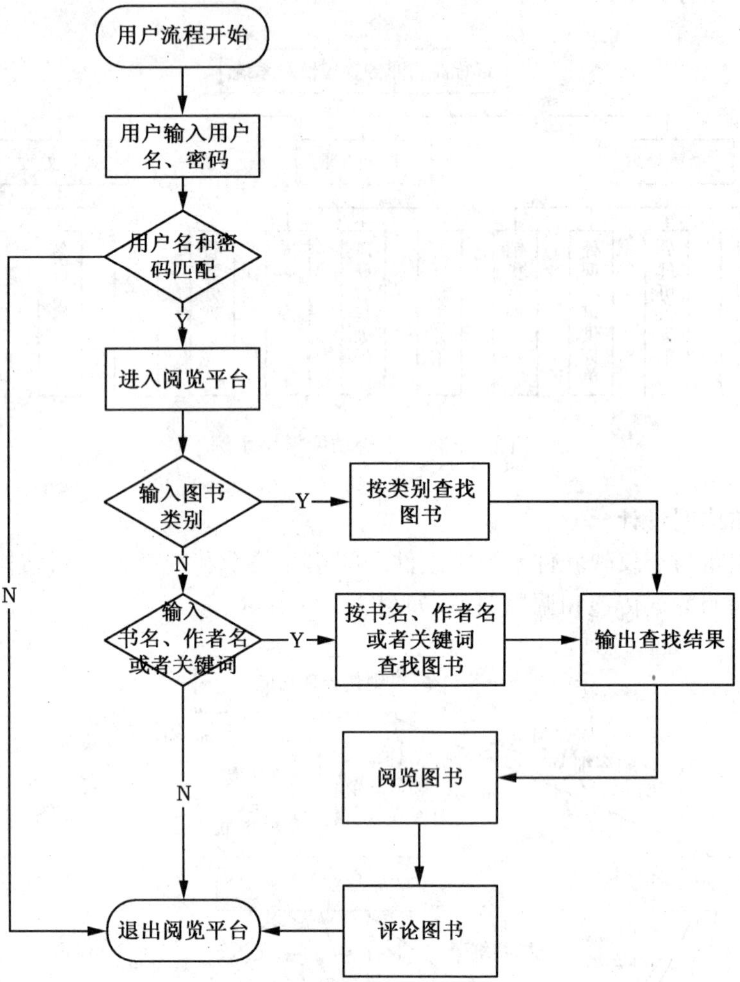

图 3-27 程序流程图示例

过程设计语言(Process Design Language,PDL),也称程序描述语言(Program Description Language),又称伪码,它是一种用于描述模块算法设计和处理细节的语言,如图 3-28 所示。

● 总控模块

模块名：CCMAIN

模块编号：0.0

功能：本模块用于定义本系统的数据录入、数据查询等功能菜单及各项功能的下拉式菜单，接收用户对功能菜单及其下拉菜单的选择，进入相应的操作。

界面：下属模块 1.1，1.2，1.3，1.4

处理过程：

CASE

1. 调用模块 INPUTDATA,实现出入库数据的录入；
2. 调用过程 INQUIRE，实现数据查询；
3. 调用过程 TOTALREPORT，实现统计报表功能；
4. 调用过程 MAINTAIN，实现产品目录维护功能；
5. 调用过程 FINISH，实现本系统运行结束退出功能。

ENDCASE

图 3—28　过程设计语言示例

实验 4——系统开发环境配置

实验目的

■ 正确运用先导课程所学知识，建立模拟工作环境。

■ 安装应用服务器、软件开发工具以及数据库系统，学会正确配置开发环境，为下一步软件开发做好准备。

实验要求

■ 完成应用服务器安装与配置。

■ 完成 JDK 安装与配置。

■ 完成数据库安装。

■ 进行运行环境测试。

实验环境

■ 操作系统：Windows 2000。

■ WEB 服务器：Apache ＋Tomcat。

■ 数据库：ACCESS。

实验内容

请从以下备选项目中任选其一，作为本学期你所进行实验的软件开发项目。说明你所开发的软件所需要的实验环境，并将主要配置步骤界面粘贴在下面。

(1)运行环境配置。

(2)数据库安装。

(3)开发工具安装。

示例实验

运行环境配置

利用 JDK 和 TOMCAT 配置 JSP 环境。

具体步骤如下：

步骤 1：下载 JDK 以及 TOMCAT。

(1)下载 JDK 并按照默认的步骤进行安装(本实验采用的为 jdk1.5.0_15)，其中，JDK 的路径为：C:\Program Files\Java\jdk1.5.0_15。

(2)下载 TOMCAT 安装包(本实验采用 apache-tomcat-5.5.26)，按照系统提示进行安装，默认的安装路径为：C:\Program Files\Apache Software Foundation\Tomcat 5.5。

步骤 2：配置系统环境变量。

(1)右击“我的电脑—属性”，弹出系统特性对话框。接着单击“高级－环境变量”，弹出环境变量对话框。在“系统变量”处单击“新建”，在变量名中填写“JAVA_HOME”，变量值为

“C:\Program Files\Java\jdk1. 5. 0_15”。如图 3—29 所示。

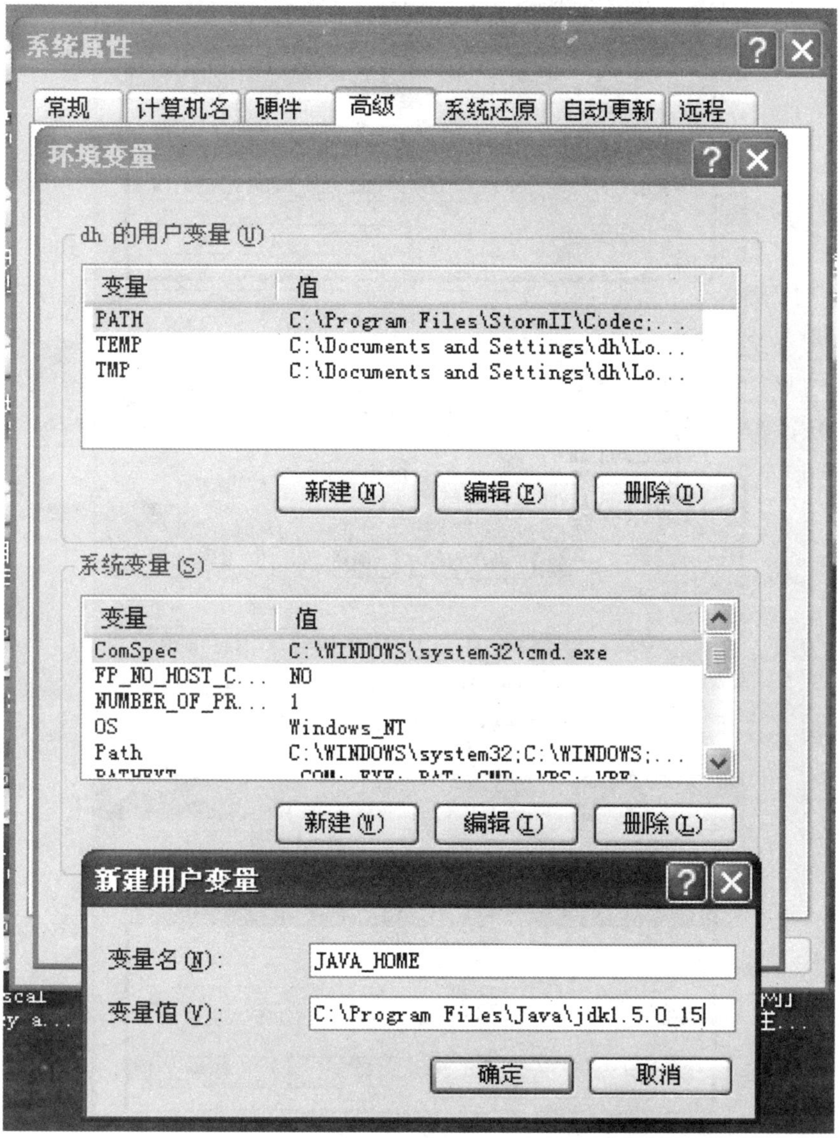

图 3—29　添加 JAVA_HOME 变量

(2)在“系统变量”找到变量名为“Path”的变量，在其值最前面加上“C:\Program Files\Java\jdk1. 5. 0_15\bin;”。注意，要用“;”隔开。如图 3—30 所示。

(3)创建一个 CLASSPATH 系统变量，变量值为“. ;C:\Program Files\Java\jdk1. 5. 0_15\lib\dt. jar; C:\Program Files\Java\jdk1. 5. 0_15\lib\tools. jar”，如图 3—31 所示。

(4)创建一个 CATALINA_HOME 的系统变量，变量值为“C:\Program Files\Apache Software Foundation\Tomcat 5. 5”，如图 3—32 所示。

(5)创建 TOMCAT_HOME 的系统变量，变量值为“C:\Program Files\Apache Software Foundation\Tomcat 5. 5”，如图 3—33 所示。

注意：配置完成后，要重新启动计算机，环境变量才能有效。

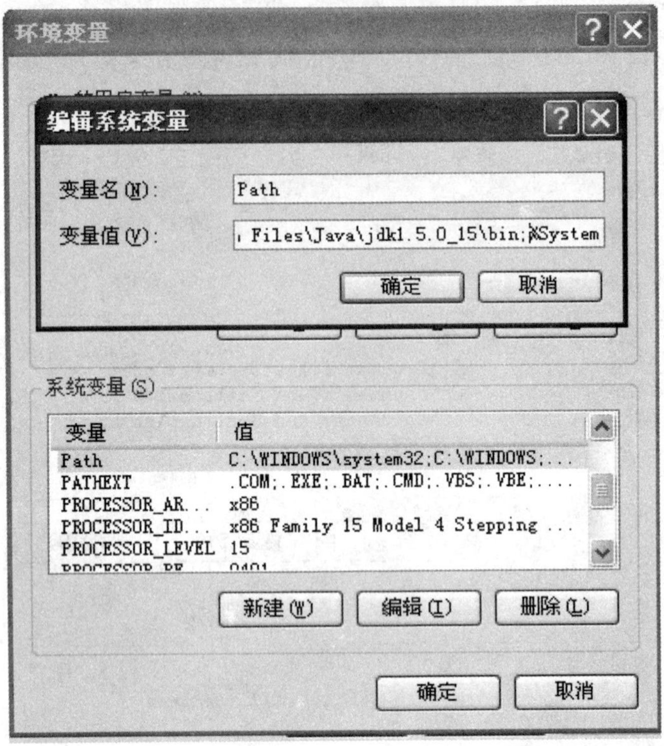

图 3—30 更改"Path"的变量

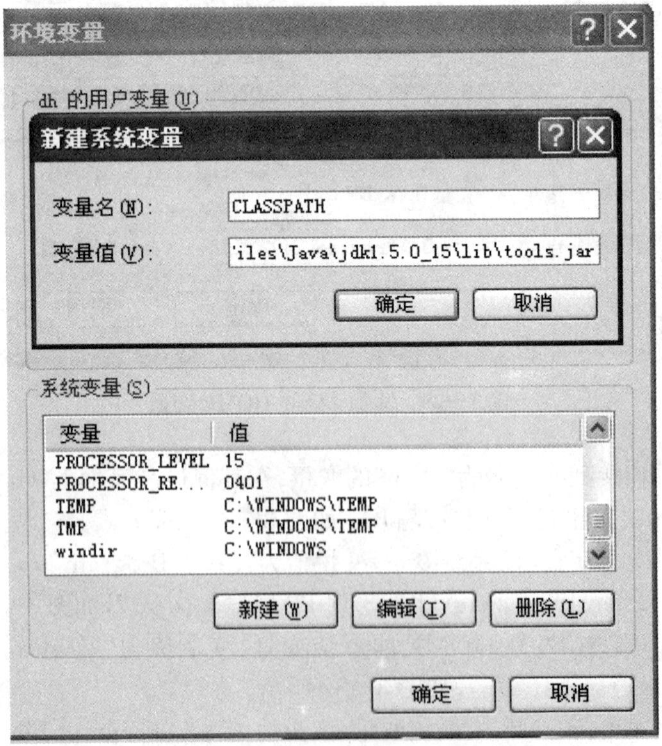

图 3—31 创建 CLASSPATH 系统变量

图 3—32 创建 CATALINA_HOME 系统变量

图 3—33 创建 TOMCAT_HOME 系统变量

步骤 3:测试 JDK 是否已安装成功。

```
public class Test{
public static void main(String args[]){
System. out. println("Hello world!");
}
}
```

将上面的这段程序保存为文件名为 Test. java 的文件。

在命令提示符窗口中键入下面的命令:

```
javac Test. java
java Test
```

如果屏幕打印出"Hello world!",就说明配置成功。

注意:需要在 java 文件路径下执行 java 命令。

步骤 4:测试 Web 服务器。

(1)启动 tomcat

在 C:\Program Files\Apache Software Foundation\Tomcat 5. 5\bin 下有一个 startup. bat,运行它,将出现一个 Dos 窗口,如图 3—34 所示。

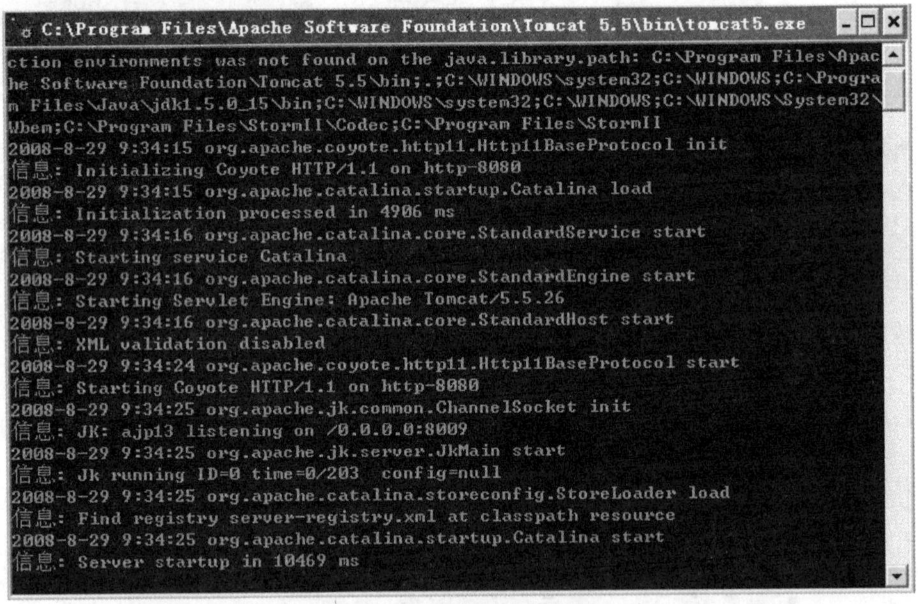

图 3—34 Tomcat 服务启动

(2)浏览

在浏览器中输入"http://localhost:8080/",看看有什么效果(Tomcat 默认端口为 8080,在不冲突的前提下,可以进行改动)。应该会看到一只小猫的图案,说明已配置成功。

(3)运行

在这个页面有 JSP Examples 和 Servlet Examples,可以进行输入测试。例如,在浏览器中输入"http://localhost:8080/jsp-examples/",显示如图 3—35 所示。

点击"Basic Arithmetic"后的"Execute",弹出以下界面(见图 3—36),证明 JSP 可以运行。

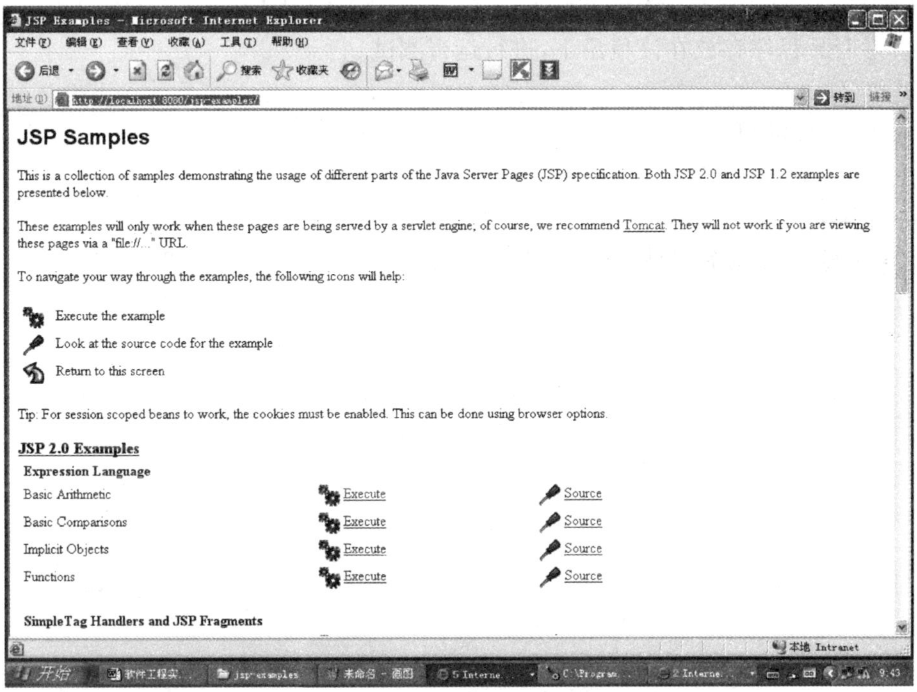

图 3—35　JSP 例子测试

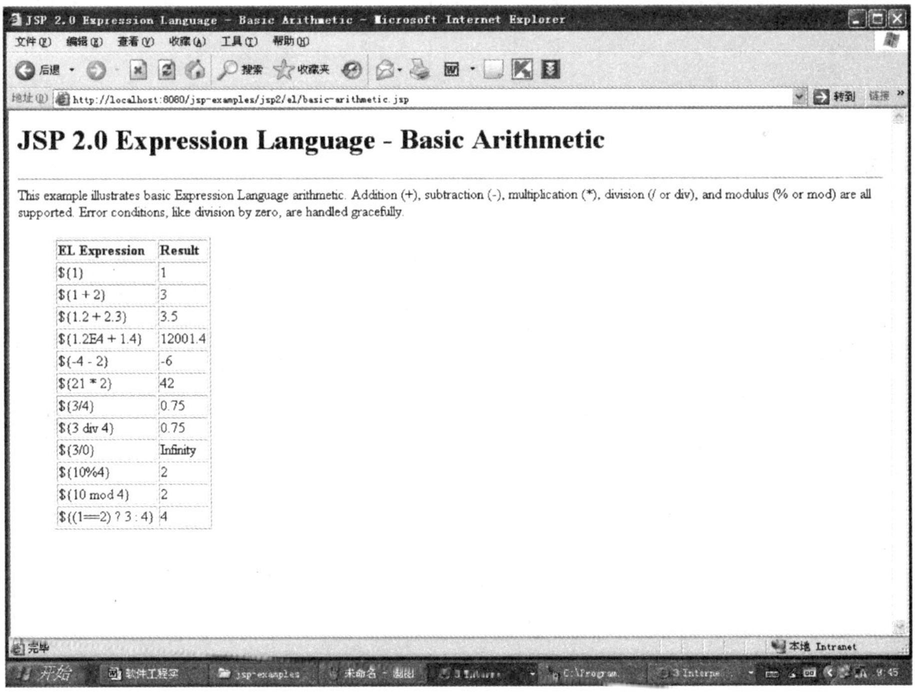

图 3—36　JSP 运行测试

也可在 C:\Program Files\Apache Software Foundation\Tomcat 5.5\webapps 下自建文件夹，并编写 JSP 程序存放在该目录下，进行运行测试。

(4)退出 Tomcat

关闭 Dos 窗口即可。

实验总结

通过本次实验，你遇到哪些问题，是如何解决的？有何收获与体会？

实验5——软件编码与测试

实验目的

- 初步掌握某种开发工具。
- 掌握基本的编码方法。
- 掌握测试用例的编写方法。
- 掌握软件测试的基本流程。

实验要求

- 软件界面的设计。
- 完成各模块的软件编码。
- 采用综合测试策略，对软件功能进行测试用例设计。
- 完成软件测试。

实验环境

- Windows 2000 操作系统。
- PowerDesigner 11.0。
- Microsoft Project 2003。
- SQL SERVER；ACCESS。
- JSP、ASP 等。
- IIS、TOMCAT 等。

示例实验

一、软件主要程序代码

1. 模块 1 主要代码
2. 模块 2 主要代码
3. 模块 3 主要代码

二、测试用例

参照示例如表 3—2 所示。

表 3—2 测试用例参照

用例ID	UserMng_login_01			
用例名称	系统登录			
用例描述	在用户名存在、密码正确的情况下，进入系统 页面信息包含：页面背景显示 用户名和密码录入接口，输入数据后的登入系统接口			
用例入口	打开IE，在地址栏输入相应地址 进入该系统登录页面			
测试数据	**场　景**	**测试步骤**	**预期结果**	**测试结果**
TC1	初始页面显示	从用例入口处进入	页面元素完整，显示与详细设计一致	
TC2	用户名录入一验证	输入已存在的用户：test	输入成功	
TC3	用户名一容错性验证	输入 aaaaabbbbbcccccdddddeeeee	输入蓝色显示的字符时，系统拒绝输入	
TC4	密码一密码录入	输入与用户名相关联的数据：test	输入成功	
TC5	系统登录一成功	TC2，TC4，单击登录按钮	登录系统成功	
TC6	系统登录一用户名、密码校验	没有输入用户名、密码，单击登录按钮	系统登录失败，并提示：请检查用户名和密码的输入是否正确	
TC7	系统登录一密码校验	输入用户名，没有输入密码，单击登录按钮	系统登录失败，并提示：需要输入密码	
TC8	系统登录一密码有效性校验	输入用户名，输入密码与用户名不一致，单击登录按钮	系统登录失败，并提示：错误的密码	
TC9	系统登录一输入有效性校验	输入不存在的用户名、密码，单击登录按钮	系统登录失败，并提示：用户名不存在	
TC10	系统登录—安全校验	连续3次未成功		

三、模块测试

1. 模块1测试
2. 模块2测试
3. 模块3测试

四、回归测试

依据测试用例，对软件进行测试，若发现错误则进行调试，并进行回归测试。

实验总结

经过本信息系统项目的开发实践，你遇到了哪些问题，是如何解决的？有何收获与体会？

实验 6——UML 面向对象建模

实验目的

■ 了解 UML 的基本原理。

■ 了解软件设计和分析中的用例图和面向对象的概念。

■ 通过阅读和分析应用实例，理解 OOM 的表示方法。

■ 了解活动图、顺序图和类图的建模技术。

■ 了解 PowerDesigner OOM 及其相关知识，初步掌握运用 PowerDesigner 建立 OOM 的方法。

■ 掌握使用统一建模语言（UML）进行软件设计、分析与开发的基本技能。

实验要求

■ 完成系统用例图。

■ 完成系统类图。

■ 完成顺序图、状态图和活动图。

实验环境

■ Windows 2000 操作系统。

■ Rational Rose。

示例实验

一、创建面向对象模型（OOM）

为创建 OOM 并定义模型的属性和选项，具体步骤如下：

步骤 1：进入 PowerDesigner 开发环境，单击工具栏中的“New”（新建）按钮，弹出“New”对话框（如图 3—37 所示）。

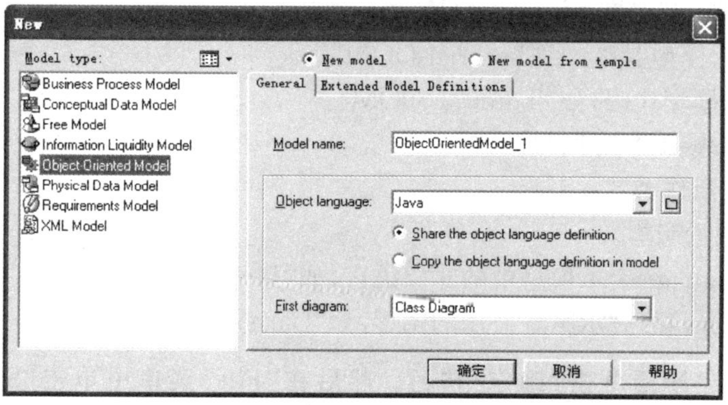

图 3—37　选择 OOM

步骤 2:在“New”对话框左边的“Model type”栏中选择“Object-Oriented Model”(面向对象模型)选项。

对话框右边“General”页中各个选项的含义如下:

(1)Object language 表示选择对象语言,包括 Analysis、C#、C++、IDL-CORBA、Java、PowerBuilder、Visual BASIC . NET、Visual BASIC 6、XML-DTD 和 XML-Schema 等。

(2)First diagram 表示选择图形的类别,包括类图、用例图、顺序图、构件图和活动图等。

(3)Share 表示共享目标对象语言描述文件。

(4)Copy 表示创建一个目标对象语言描述文件的副本。

步骤 3:使用系统的默认设置 (Java 语言、用例图等),单击“确定”按钮,进入 OOM 设计工作区,如图 3-38 所示。在该工作区中,可以定义 OOM 的属性和操作,也可以设计各种 UML 图形。

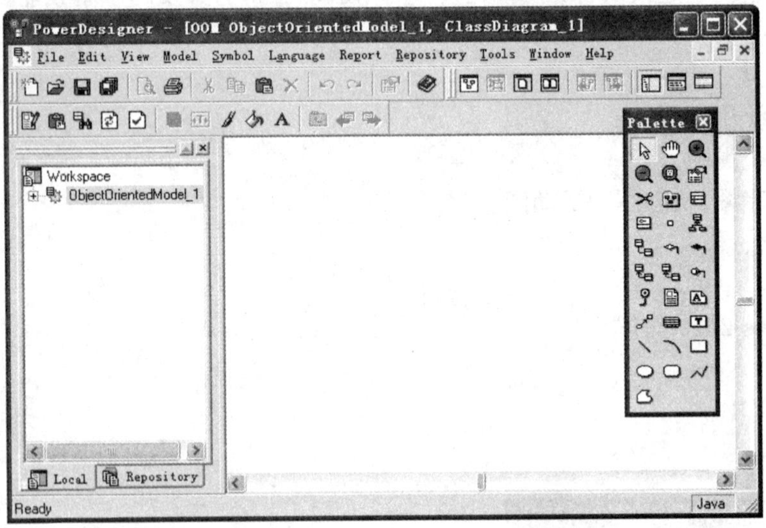

图 3-38 OOM 设计工作区

步骤 4:在“Model”菜单中单击“Model Properties...”命令,显示 OOM 属性定义窗口,如图 3-39 所示。

OOM 的“General”属性页的选项包括:

(1)Name 表示模型名称,如“Tutorial OOM”。

(2)Code 表示模型代码,如“Tutorial_OOM”。

(3)Comment 表示模型注释。

(4)Author 表示作者。

(5)Version 表示版本。

(6)Object language 表示模型中的对象语言,如“Java”。

(7)Default diagram 表示默认使用的图形,如“ClassDiagram_1”。

步骤 5:定义完毕后单击“确定”按钮。然后在“File”菜单中单击“Save As...”命令,以“Tutorial. OOM”这个名称保存所定义的模型。

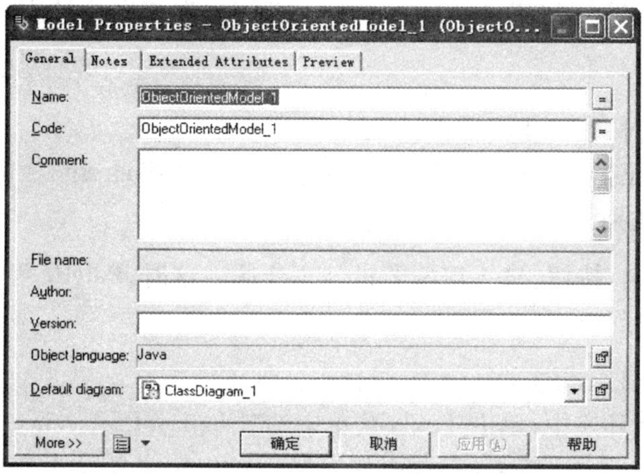

图 3—39　OOM 属性定义窗口

步骤 6:设置模型选项。在“Tools”菜单中单击“Model Options...”命令,打开“Model Options”(模型选项)对话框,如图 3—40 所示。

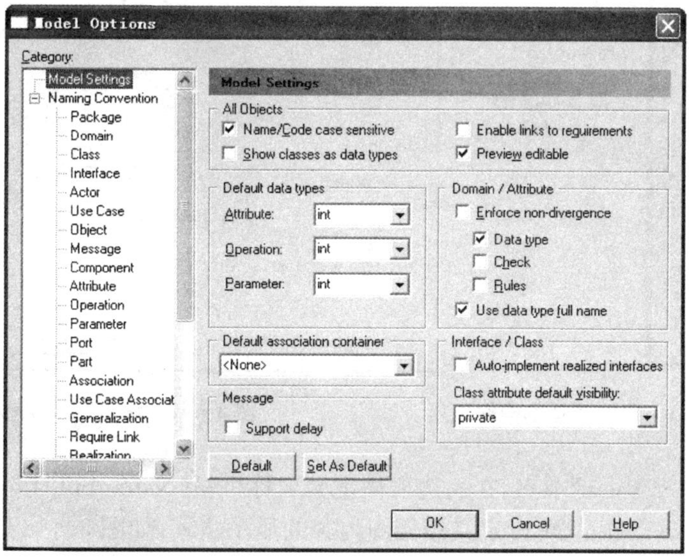

图 3—40　“Model Options”对话框

部分选项的含义如下:

(1)Show classes as data types 表示将类当成数据类型显示。

(2)Preview editable 表示预览时允许编辑。

(3)Default data types 表示默认的数据类型,包括属性(Attribute)、操作(Operation)和参数(Parameter)等。

(4)Domain/Attribute 表示域/属性,包括域与数据项强制无分歧(Enforce non-divergence)、数据类型(Data Type)、数据校验(Check)和规则(Rules)等。

(5)Message 表示消息。选择是否支持延时(Support Delay)。

步骤7:单击“Set As Default”按钮,选择默认选项,然后单击“OK”按钮。

二、用例图

为设计用例图,可按以下步骤操作:

步骤1:在OOM设计窗口“New”对话框右侧的“First diagram”栏中选择“Use Case Diagram”(用例图)图形类别。

步骤2:单击“确定”按钮,进入用例图设计工作区。这时,Palette面板上的用例图基本构件工具如图3-41所示。

可以对用例图的显示参数进行设置,具体方法如下:

(1)在用例图设计环境中,单击Tools菜单中的“Display Preferences...”命令,打开显示参数设置窗口。单击“General”节点,在右面的窗格中可以定义整个工作区的背景色(Window color)、显示单位(Unit)、网格线(Grid)等属性,如图3-42所示。

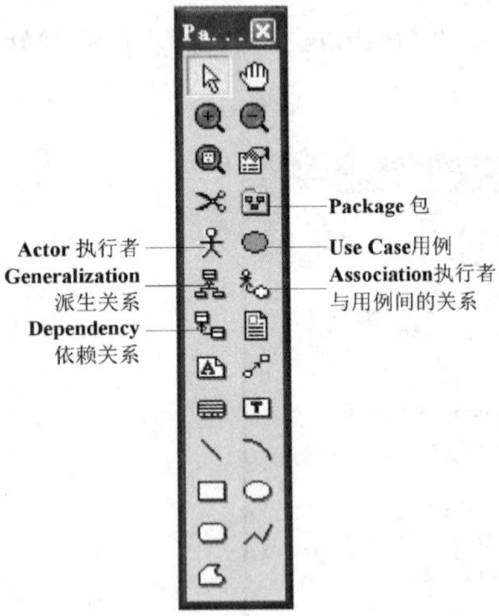

图3-41 用例图基本构件工具

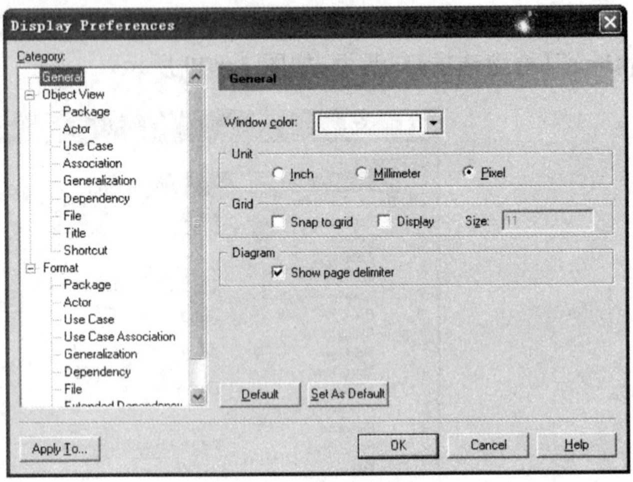

图3-42 设置“显示参数”窗口

(2)单击“Object View”节点,在右边窗格定义名称拼写(Name Splitting)属性。

(3)单击“Format”节点,可以定义用例图内容的显示格式,如图3-43所示。

单击“Modify...”按钮,可打开显示参数定义窗口,为用例图定义特殊的显示格式。

根据上述绘制方法,完成销售订单管理示例,如图3-44所示,具体描述见表3-3。

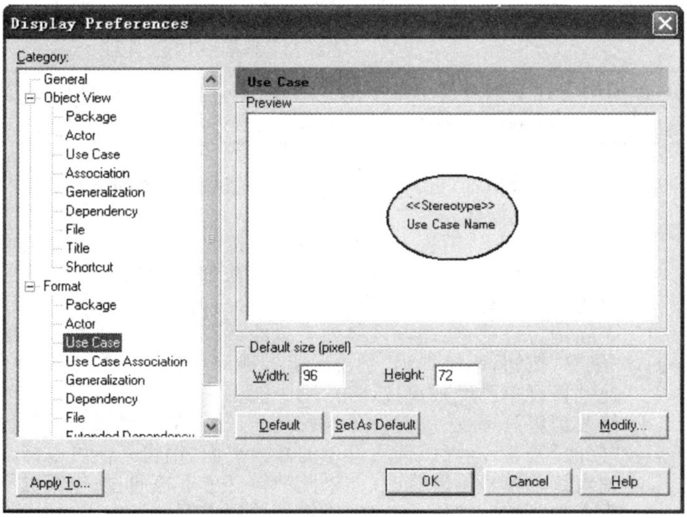

图 3—43 定义显示格式

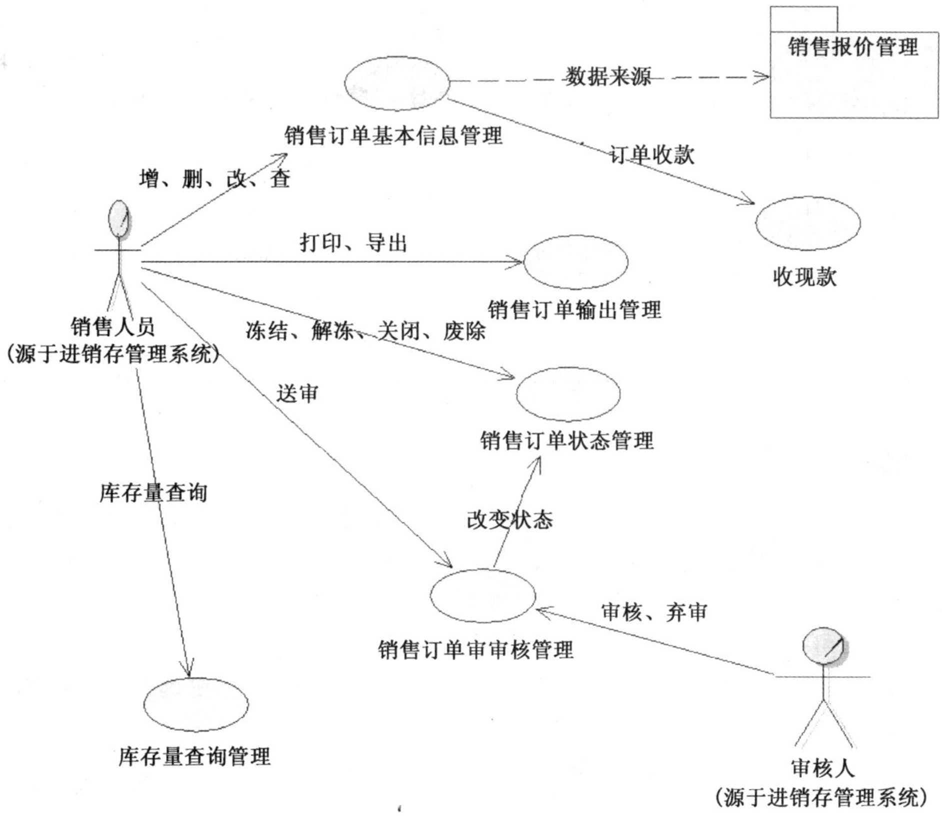

图 3—44 用例图示例——销售订单管理

表 3－3 用例图示例描述

用例名称	销售订单基本信息管理
用例描述	该用例实现了销售订单基本信息的管理，包括对销售订单的新建、删除、修改、查询功能。销售订单是针对客户的购买需求进行存货定购的管理。
典型事件流	销售人员登录系统，进入销售订单管理功能菜单下面的销售订单维护子功能，可以进行如下基本流操作： ◇ 新增销售订单：销售人员点击“新增”按钮，系统出现新增销售订单页面，销售人员输入销售订单基本信息，点击“保存”按钮提交信息到服务器。新增销售订单时，销售订单信息来源于前面的销售报价用例。 ◇ 删除销售订单：在销售订单列表页面，针对某个要删除的销售订单，销售人员点击“删除”按钮，系统提示“是否确定要删除”，选择“确定”后删除该销售订单。如果此销售订单已经被审核通过，则不能删除。 ◇ 修改销售订单：在销售订单列表页面，针对某个要修改的销售订单，销售人员点击“修改”按钮，进入该销售订单的修改页面，销售人员可以修改此销售订单的信息，销售订单单号不能修改（如果此销售订单审核通过、作废也不能再修改）。修改完后点击“保存”按钮，返回到销售订单列表页面。 ◇ 查询销售订单：在销售订单列表页面，默认不显示销售订单，销售人员通过点击“查询”按钮，设置查询条件来查询想要查看的销售订单。 ◇ 收现款：在维护销售订单的时候，根据业务要求可能需要客户缴纳一定的定金，此用例提供销售人员收纳客户现款的功能。销售人员点击“收现款”按钮，系统弹出财务应收管理子系统的收款单界面，销售人员输入客户缴纳现款的金额，点击“保存”按钮，系统自动产生一张应收单到财务系统。以上操作完成后，系统会根据当前销售订单所收现款反写到它本身。**（特别说明：收款单详细描述请参考财务会计中的应收管理子系统。）**
前置条件	◇ 登录用户具备销售人员的权限，能够正常登录系统。 ◇ 该用例的修改操作时保证该销售订单没有被审核通过、作废。 ◇ 该用例的删除操作时保证该销售订单没有被审核通过、作废。
后置条件	◇ 该用例执行完后，可以进行销售订单审核管理用例。 ◇ 该用例执行完后，可以进行销售订单状态管理用例。 ◇ 该用例执行完后，可以进行销售订单输出管理用例。

三、类图

类（Class）是定义同一类所有对象的变量和方法的蓝图或原型，这些对象拥有类似的结构和行为，相同的属性、操作、联系等，如车辆、汽车、卡车等。

（一）创建类

为设计类图，可按以下步骤操作：

步骤 1：在 OOM 设计窗口“New”对话框右侧的“First diagram”栏中选择“Class Diagram”（类图）图形类别。

步骤 2：单击“确定”按钮，进入类图设计工作区。这时，Palette 面板上的用例图基本构件工具如图 3－45 所示。

步骤 3：单击类图 Palette 面板中的“Class”（类）工具，再到工作区中单击鼠标，即可创建一个类。

步骤 4：双击工作区中类的图形符号，打开类属性定义窗口，如图 3－46 所示。

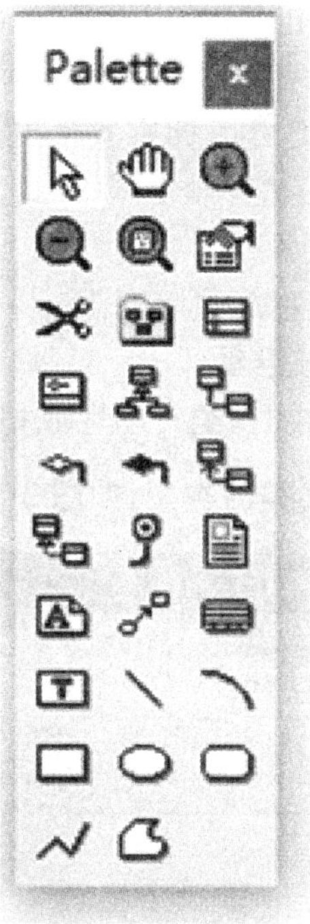

图 3—45　类图构件工具

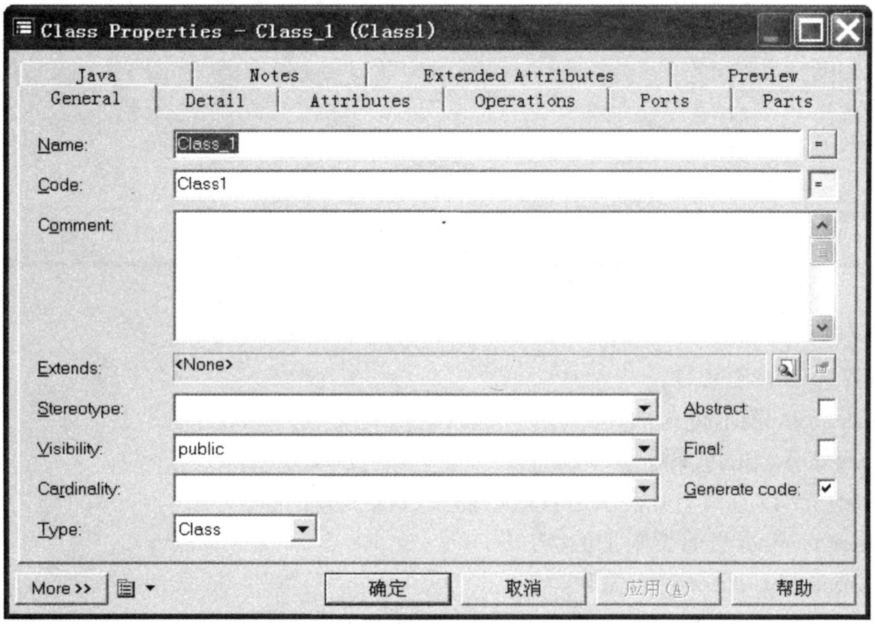

图 3—46　"类属性"定义窗口

其中,"General"页中各选项的含义如下:

(1)Name 和 Code 表示类的名称和代码。

(2)Stereotype 表示类的版型。选择不同的语言,系统会提供不同的版型。

(3)Type 表示类的实现,包括 Business Object、Class、Storage、Utility、Visual Object 和 JavaBean。

(4)Visibility 表示类的可视性，包括 Public、Private、Protected 和 Package。例如，选择 Package，表示包含在同一个包内的所有对象都可见。

(5)Cardinality 表示基数，表示类可以拥有实例的最小数量和最大数量。取值分别为：0..1，表示类拥有 0 到 1 个实例；0.. *，表示类拥有 0 到无穷个实例；1..1，表示类拥有 1 个实例；1.. *，表示类拥有 1 到无穷个实例。

(6)Abstract 表示抽象类，这种类不能被实例化。

(7)Final 表示最终类，表示不能被继承。

(8)Generate 表示在内部模型生成时，类自动生成相应的对象。

步骤 5：选择“Detail”页，可以定义类的类型，如图 3—47 所示。

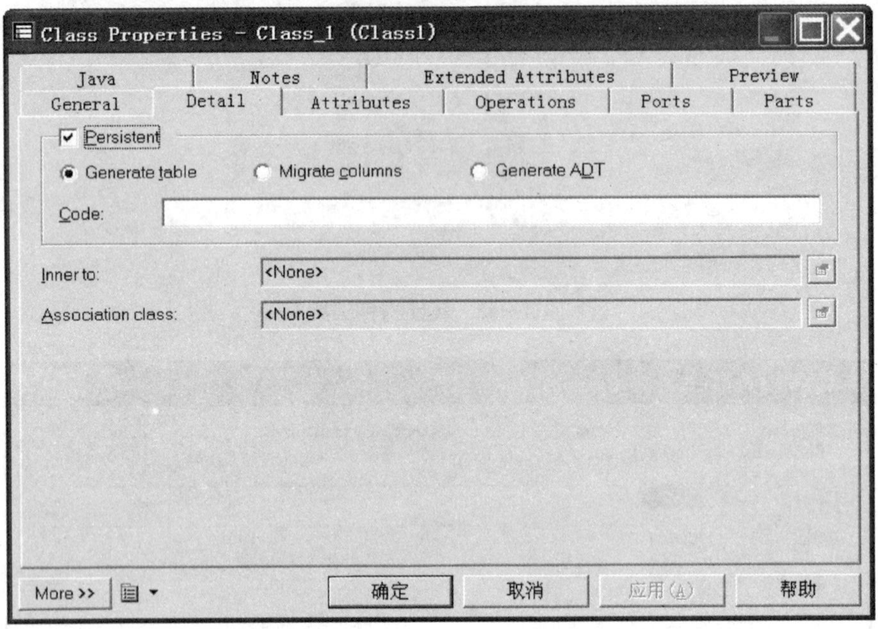

图 3—47 定义类的类型

其中，各选项的含义是：

(1)Persistent 表示持久性类。

(2)Code 表示类的代码。

(3)Abstract Data Type 表示是否选用抽象数据类型。

(4)Inner to 表示当前类附加的类。

(5)Association class 表示关联类。

步骤 6：选择“Operations”页，单击“Add...”(增加操作)按钮，可从中选择该模型中其他类包含的操作，如图 3—48 所示。然后，所选的操作就可以增加到当前类上。

步骤 7：选择“Attributes”页，可以把其他类中的属性增加到当前列上。

步骤 8：单击“More. >>”按钮可以打开更多的类属性页，如图 3—49 所示。

例如，选择“Inner Classifiers”页，可以为该类定义内部类。内部类是 PowerDesigner 的一个分类器 (Classifier)。在 UML 中，分类器是一个包含属性和操作等的模型元素。把类或接口的定义连接到另一个类或接口的定义中，就产生了内部类。

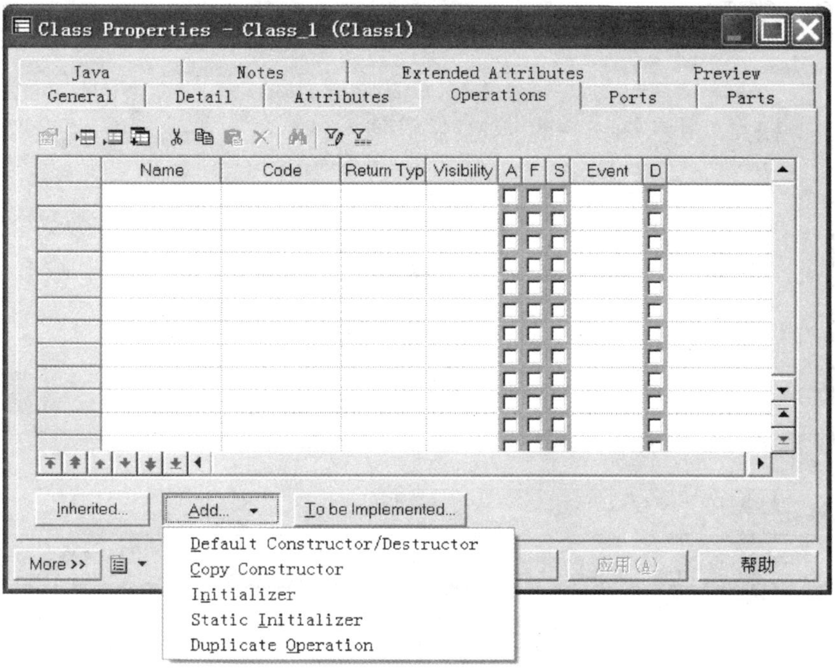

图 3—48　“类属性”定义窗口的“Operations”页

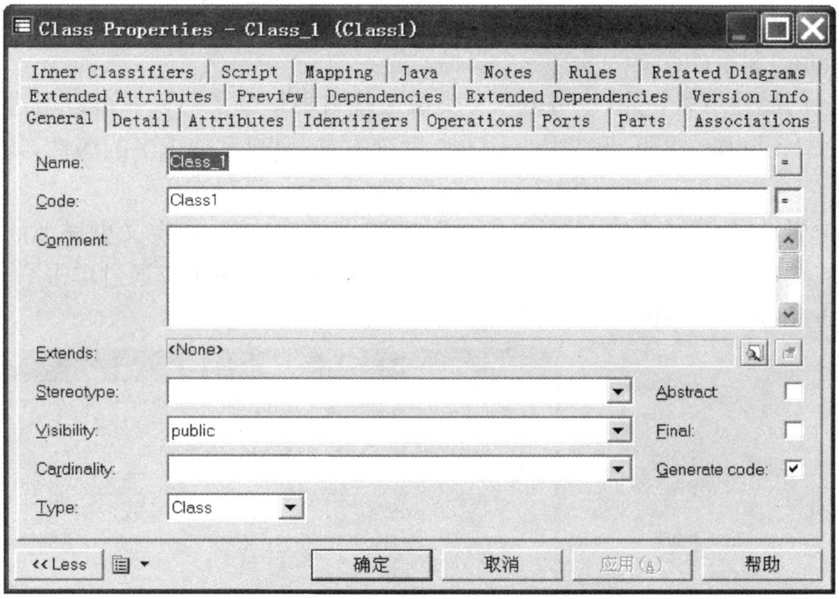

图 3—49　打开更多的类属性页

步骤 9:定义完毕后,可以通过“Preview”页,观察当前类或接口所连接的内部类代码(图 3—50)。

步骤 10:此外,还可以定义关联(Associations)、标识符(Identifiers)等属性。属性定义完毕后,单击“确定”按钮关闭该窗口。

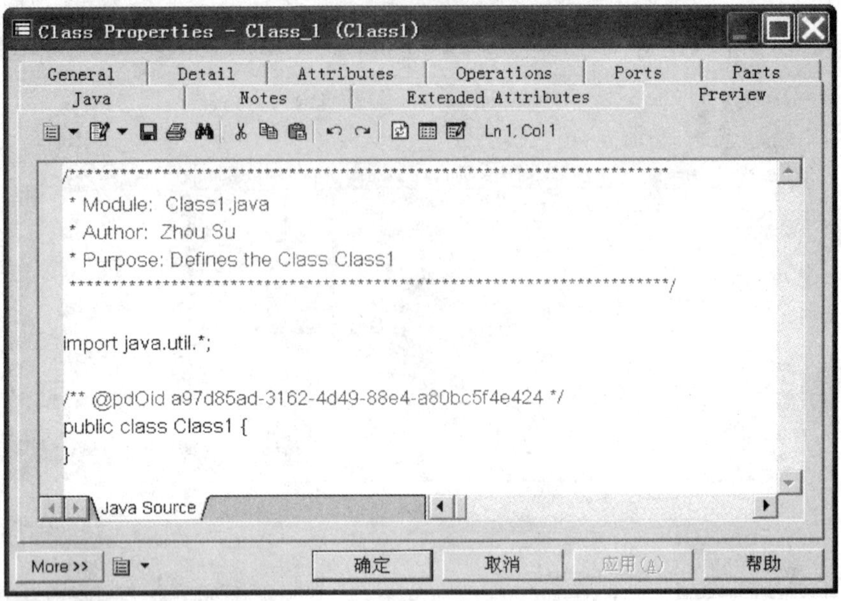

图 3—50 观察内部类代码

(二)创建属性

类的属性(Attribute)表示类或接口特征的集合。一个类或接口可以拥有多个属性,也可以不包含属性。在两个类或接口中可以包含同名的属性。图 3—51 所示的类包含了学号(id)、姓名(name)和系(department)三个属性。

类或接口的属性可以新建,也可以从父类或父接口那里继承而来。可以通过单击类属性定义窗口中"Attributes"页下部的"Inherited..."(继承)按钮观察继承来的属性,如图 3—52 所示。

选择一个属性,然后单击"Properties"(属性)图标,可以进一步定义更详细的选项。增加了属性的类或接口会以图形符号的方式在 OOM 模型中显示,还可以通过单击"Tools"菜单中的"Display Preference..."命令来设置显示方式。

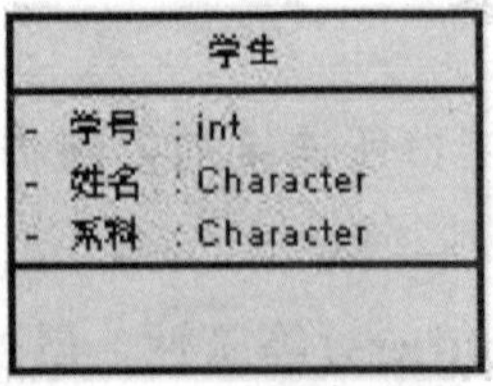

图 3—51 一个学生类的属性

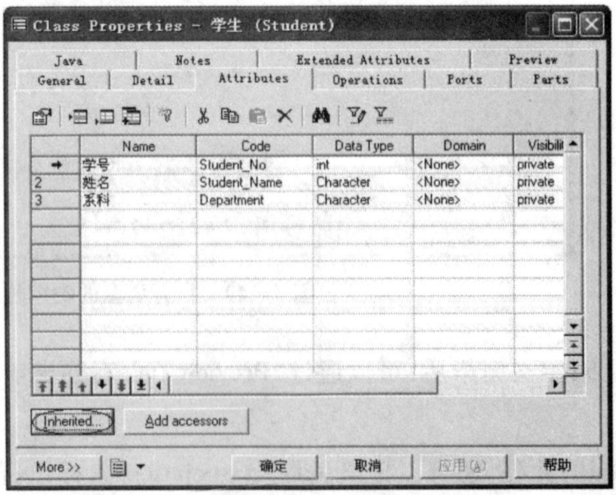

图 3—52 类的属性定义

（三）创建标识符

标识符（Identifier）是类的属性或属性的组合，其值能唯一标识类中的每个实例。标识符分为主标识符（Primary Identifier）和次标识符（Secondary Identifier）。主标识符与 PDM 中表的主键对应，次标识符与表的候选键对应。当利用 CDM 或 PDM 自动生成 OOM 时，CDM 的标识符或 PDM 中表的主键和候选键生成 OOM 中类的标识符。

在类属性定义窗口中选择“Identifier”页，可定义类的标识符属性。

可以利用“Attributes”页为标识符选择所包含类的属性。还可以利用“Rules”页将一个特定规则附加到标识符上；在“Notes”页中增加注释；或者在“Version Info”页中查看版本信息等。

（四）创建接口

接口（Interface）是描述类的部分行为的一组操作，这组操作可以被多个类重复使用。注意，一般是部分操作，指类外部的可以供其他类调用的操作，而不是全部操作。但接口与类不同，接口不能自己执行，只能被类调用。

创建接口的具体过程如下：

步骤 1：在类图工作区中，单击 Palette 面板的“Interface”工具，在窗口空白区域单击鼠标，可以新建一个接口。

步骤 2：双击接口图形符号，打开接口属性定义窗口，如图 3—53 所示。

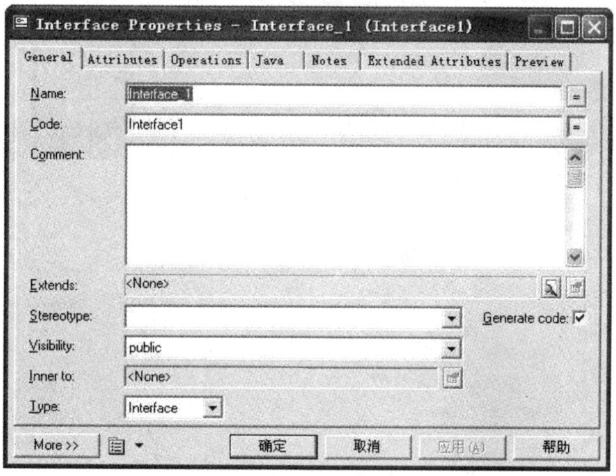

图 3—53　“接口属性”定义窗口

其中，“General”页中各选项的含义是：

（1）Name 和 Code 表示接口的名称和代码。

（2）Stereotype 表示版型。

（3）Visibility 表示接口的可视性，包括 public、private、protected、package。

（4）Inner to 表示当前接口所连接的内部类名称。

步骤 3：还可以添加属性（Attributes）、操作（Operations）、内部类（Inner Classifier）等属性，这些与类的属性类似。

步骤 4：定义完毕后，还可以将接口与类连接。其中，**“EmployeeInfo”是一个类，“Name”是**

一个接口，在接口中定义了“Name”操作，如图3－54所示。

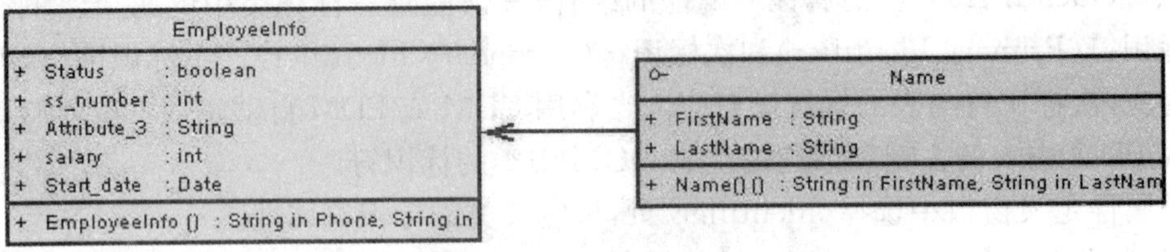

图3－54 接口与类连接

（五）创建操作

操作（Operation）表示类能够做的事情，或者另外一个类对该类所做的事情。一个类可以没有或有多个操作。例如，类 Car 就包含了启动引擎（Start Engine）、加速（Accelerate）和刹车（Brake）三个操作。

为在类或接口中增加操作和操作的属性，可按以下步骤执行：

步骤1：在类属性窗口的“Operation”页中单击“Insert A Row”按钮，增加一个新操作，单击“应用”按钮，选择“Properties”图标，打开操作属性定义窗口，如图3－55所示。

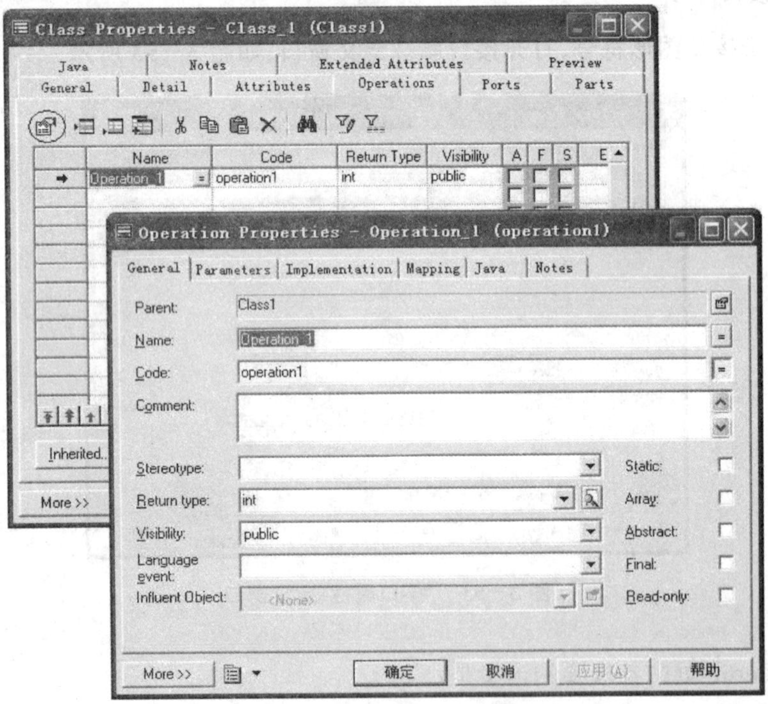

图3－55 操作属性定义窗口

其中，“General”页中各选项的含义是：

（1）Parent 表示操作所属的类。

（2）Name 和 Code 表示操作的名称和代码。

（3）Stererotype 表示版型。包括：Constructor 类实例化期间调用的操作；Create 实例化一个对象是使用的操作；Destroy 销毁一个类的实例时的操作；Procedure 利用 OOM 生成

PDM时，将该操作转化为数据库存储过程的操作。

(4)Static表示如果选择，则操作不能被修改。

(5)Return type表示返回值的数据类型。

(6)Array表示如果选择，则返回值是一个表。

(7)Visibility表示可视属性。

(8)Abstract表示如果选择，则操作不能实例化，即不能有直接实例。

(9)Event表示操作触发的事件。

(10)Final表示如果选择，则操作不能被重新定义。

步骤2：在"Parameters"页中，可以为操作定义传入参数。在图3—56所示的"Parameters"页中，单击"Insert A Row"图标，就可以增加一个参数。单击"应用"按钮，然后单击"Properties"图标，在打开窗口中设置参数的属性。

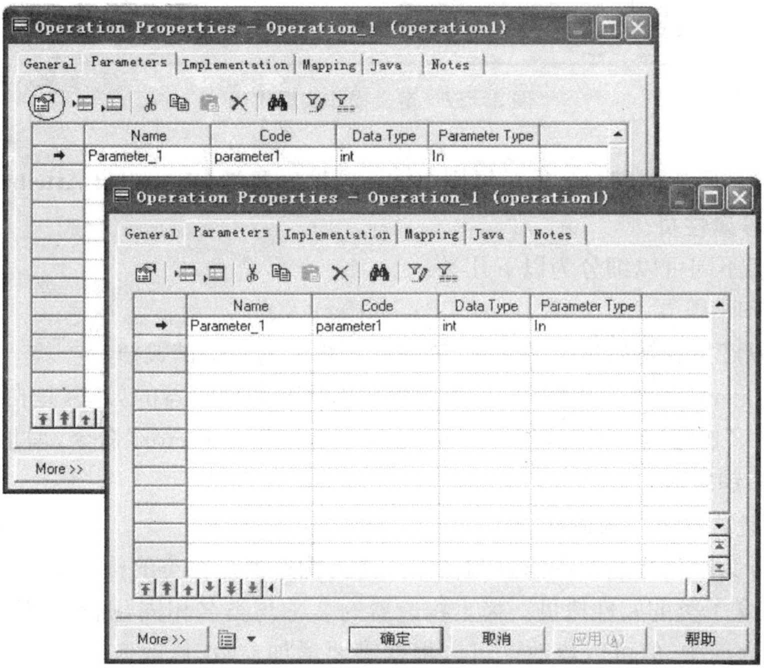

图3—56　操作参数定义

其中，各选项的含义是：

(1)Parent表示参数所属的操作名。

(2)Name和Code表示参数的名称和代码。

(3)Data type表示参数的数据类型。

(4)Parameter Type表示参数信息流的方向。包括：In，通过值传递方法传入参数，最终结果不能被修改，并且对于其他调用者无效；In/Out，传入参数可以被修改，最终结果可以被修改，并与其他调用者进行交互；Out，传出参数，最终结果可以被修改，并与其他调用者进行交互。

(5)Array是指，如果选择，表示生成或逆向生成Java或PowerBuilder时，把属性生成字段。

步骤3:在“Implementation”页中,可以在各个Sheet上为操作定义实现代码。在“Body”页中定义代码的主体,在“Exceptions”页中定义例外处理等,如图3—57所示。

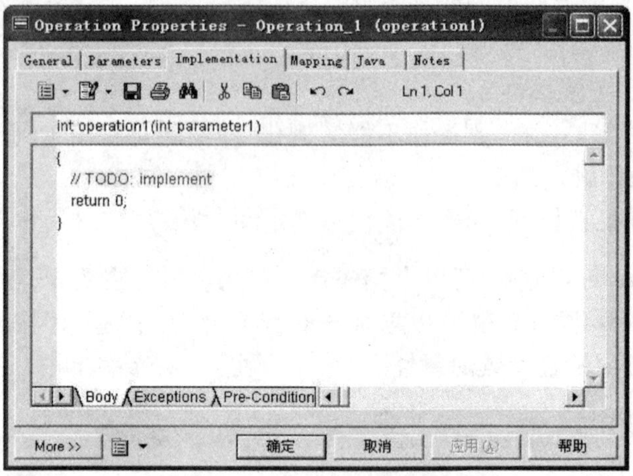

图3—57 定义操作实现代码

步骤4:此外,还有注释(Notes)、规则(Rules)、扩展属性(Extended Attributes)、版本信息(Version Info)等属性页。

操作按功能不同可以细分为以下几类:

1. 构造器和销毁器

构造器可以产生和初始化类的实例,销毁器则将类的实例销毁掉。

如果选择Java语言作为类图语言,为类增加构造器和销毁器的方法,是在“Options”页的底部单击“Add...”按钮,从中选择“Default Constructor/Destructor”命令,增加一个与类同名的默认构造器和销毁器,且构造器和销毁器的名称由系统生成。

2. 默认构造器和拷贝构造器

构造器可分为默认构造器和拷贝构造器。拷贝构造器是在类的构造器产生时产生的一个特殊操作,它包含了类的属性拷贝。拷贝构造器的名称与类名相同,拥有默认参数,参数带有“old”关键字作为前缀,但可以修改。可以根据需要增加参数、修改实现代码。如果一个类是另外一个类的实例,拷贝构造器操作内部的属性名称与父类的属性名称相同。在一个类中仅可以定义一个拷贝构造器。

创建拷贝构造器的方法是:

(1)在“Options”页的底部单击“Add...”按钮,从中选择“Copy Structure”选项,可以增加一个拷贝构造器。

(2)选中所增加的拷贝构造器,单击“Properties”按钮,打开操作的属性定义窗口,在“General”页中可以看到操作名与类同名。

(3)在“Parameters”页中可查看操作的参数,可以修改或增加新的参数。

3. 复制操作

复制操作是在类中创建和初始化类的实例时的一种特殊操作。复制操作的名称为“Duplicate”,可以修改。任何一个类只能定义一个复制操作。

为创建复制操作,可在“Options”页的底部单击“Add...”按钮,从中选择“Duplicate Operation”选项，则可以增加一个复制操作。

此外，还可以为类增加父类操作、建立静态初始化器以及将操作复制到另一个类上等。

（六）创建联系

在创建了类的属性、标识符、接口、操作之后，就该考虑类与类之间或类与接口之间的联系。在类图中，联系包括关联、依赖、概化和实现关联。创建各种联系所使用的工具请参见图3－45。

1. 关联

关联（Association）表示类之间在概念上有连接关系。例如，在足球队中，球员与球队之间存在关联，即球员为球队效力。关联用一条带箭头的实线表示，如图3－58所示。

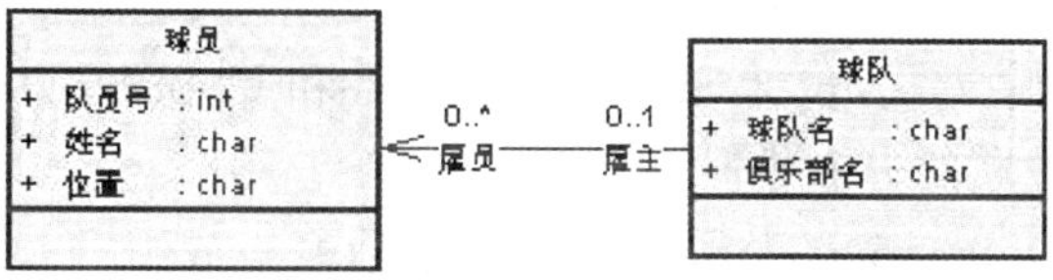

图3－58　关联

当一个类与其他类发生关联时，每个类通常在关联中都扮演着某种角色，即类的功能。角色用关联线两边的名称表示。

创建关联的方法是：

步骤1：在类图 Palette 面板中选择“Association”工具，单击第一个类或接口的图形符号，按下鼠标左键并将光标拖曳到另外一个类或接口上，释放鼠标，在类之间或类与接口之间产生一个关联。

步骤2：双击关联，打开关联属性定义窗口，如图3－59所示。

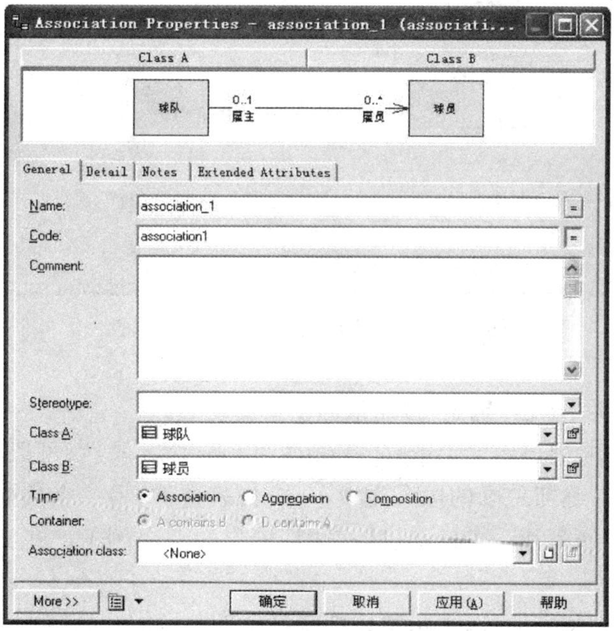

图3－59　关联属性定义窗口

其中,“General”页表示各选项的含义是:

(1)Name 和 Code 表示关联的名称和代码。

(2)Stereotype 表示版型。它包括 implicit,表示关联仅仅是一个概念。

(3)Associations class 表示当前关联可以拥有一个关联类。

关联类表示用一个类进一步细化关联信息。关联类同时具有类和关联的属性。

步骤 3:在“Detail”页中可详细定义与角色相关的属性,如图 3—60 所示。

其中,各选项的含义是:

(1)Visibility 表示关联的可视性,包括 Public、Private、Protected 和 Package。

(2)Mulitiplicity 表示关联类的实例的最小基数和最大基数,包括 0..1,0..∗,1..1,1..∗和∗。

(3)Ordering 表示排序方式,包括 Stored、Ordered 和 Unordered。

(4)Navigable 表示关联的方向性。

(5)Aggregation/Composition 表示角色的类型是聚集或组合。Container 表示聚集或组合所属的角色,Indicator 表示关联是聚集还是组合。

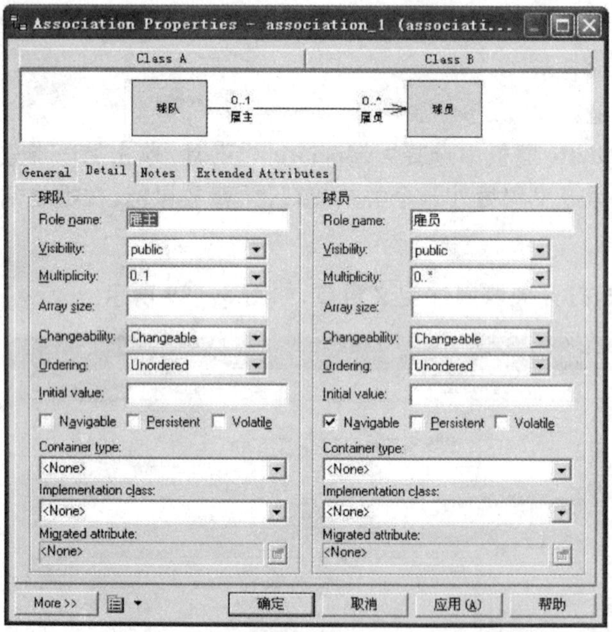

图 3—60 详细定义与角色相关的属性

步骤 4:定义完毕后,单击“确定”按钮返回主窗口。

在创建关联过程中,通过定义 Aggregation/Composition 属性,可以把角色定义为聚集或组合类型。聚集表示在参与关联的两个类中,一个代表整体,另一个代表部分。例如,一辆轿车包含四个车轮、一个底盘和一个发动机等,这是聚集的一个例子。在类图中,聚集用空心的菱形表示,如图 3—61 所示。

组合是聚集的一种特殊形式,表示整体拥有各个部分,部分与整体共存亡,整体不存在了,部分也会随之消亡。例如,打开一个窗口,它由标题栏、外框和显示区域等组成,一旦关闭窗口,其他部分同时消失。在类图中,组合用实心的菱形表示,如图 3—62 所示。

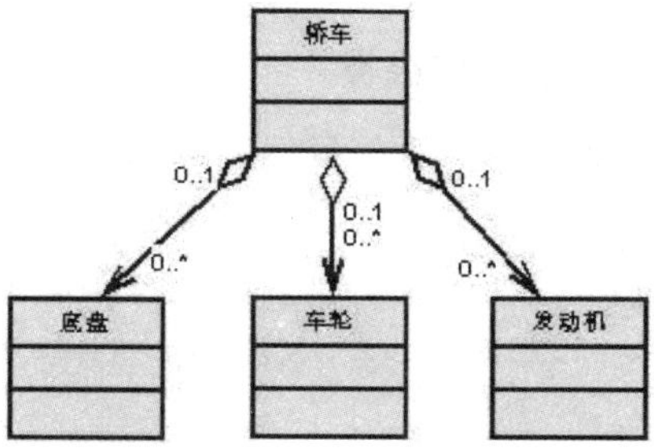

图 3－61　聚集

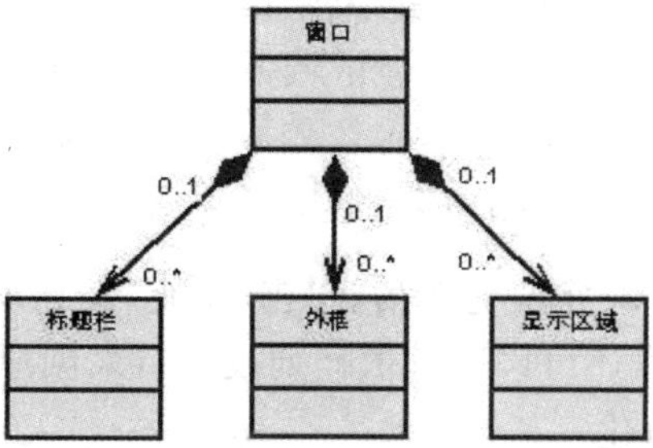

图 3－62　组合

2. 依赖(Dependency)

存在两个元素 A、B,若修改 A 元素可能会引起对另一个元素 B 的修改,则称 B 依赖于元素 A。在类与接口、两个类或两个接口之间等都可以产生依赖关系。图 3－63 表示一个类外围设备测试与接口外围设备之间产生了依赖关系。

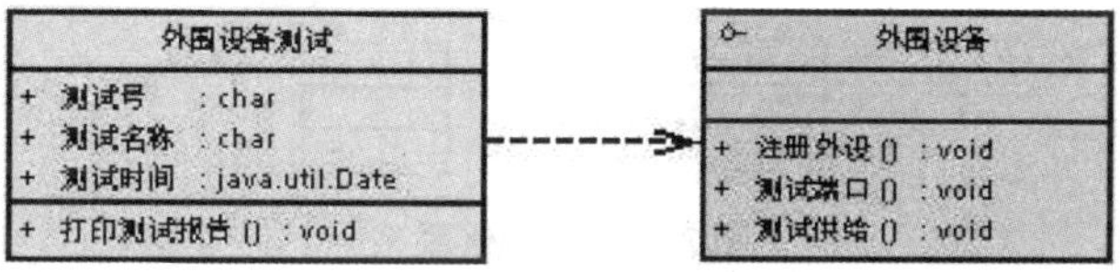

图 3－63　依赖

为创建依赖,具体过程如下:

步骤 1:选择"Dependency"图标,单击第一个类或接口的图形符号,按下鼠标左键并将光标拖曳到另外一个类或接口上,释放鼠标,在类之间或类与接口之间产生一个依赖。

步骤 2:双击依赖,打开依赖属性定义窗口,如图 3－64 所示。

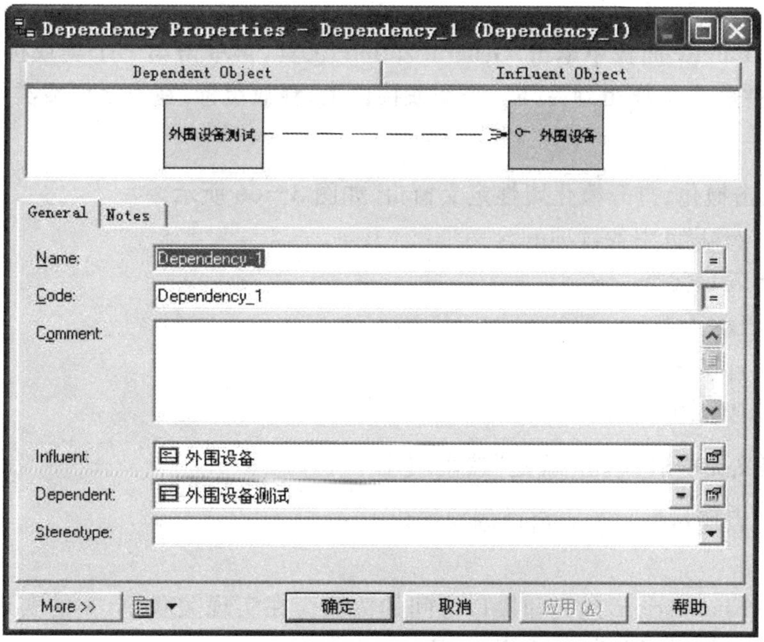

图 3－64　依赖属性定义窗口

其中,"General"页中各选项的含义是:

(1)Influent 表示被依赖方,对 Dependent 产生影响的接口或类。

(2)Dependent 表示依赖方,可以是接口或类。

(3)Stereotype 表示版型。

步骤 3:定义完毕后,单击"确定"按钮返回主窗口。

此外,还可以通过依赖列表窗口来创建依赖。

3. 概化

概化(Generalization)是指一般元素(父类)和特殊元素(子类)之间产生的关联。特殊元素完全包含了一般元素的内容,并增加了一些附加信息。例如,动物是一个一般概念,而猫和狗是一个特殊概念。在动物和猫、狗之间就可以产生一个概化联系,如图 3-65 所示。

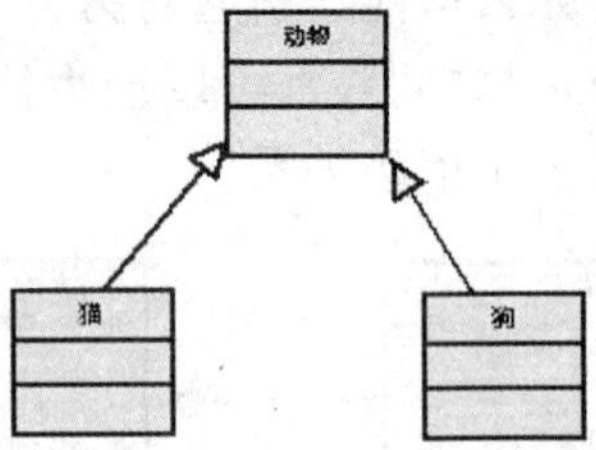

图 3-65 概化联系

在类图中,概化可以产生在两个类之间、两个接口之间、类与类的快捷方式之间、接口与接口的快捷方式之间。

在用例图中,概化可以产生在两个用例之间、两个角色之间、用例与用例的快捷方式之间、角色与角色的快捷方式之间。

概化是具有方向性的,只有父对象才能有快捷方式。

创建概化的具体过程如下:

步骤 1:在 Palette 面板中单击"Generalization"工具,再单击第一个类或接口的图形符号,按下鼠标左键并将光标拖曳到另外一个类或接口上,释放鼠标,在类之间或类与接口之间产生一个概化。

步骤 2:双击概化,打开概化属性定义窗口,如图 3-66 所示。

其中,"General"页中各选项的含义是:

(1)Parent 表示父类。

(2)Child 表示子类。

(3)Stereotype 表示版型。

(4)Visibility 表示可视性。

步骤 3:定义完毕后,单击"确定"按钮,返回主窗口。

此外,还可以通过概化列表窗口创建概化。

4. 实现关联

实现关联(Realization)是类和接口之间的关联。在实现关联中,类的实现方法在接口中指定,接口称为详细说明元素,类称为实现元素。

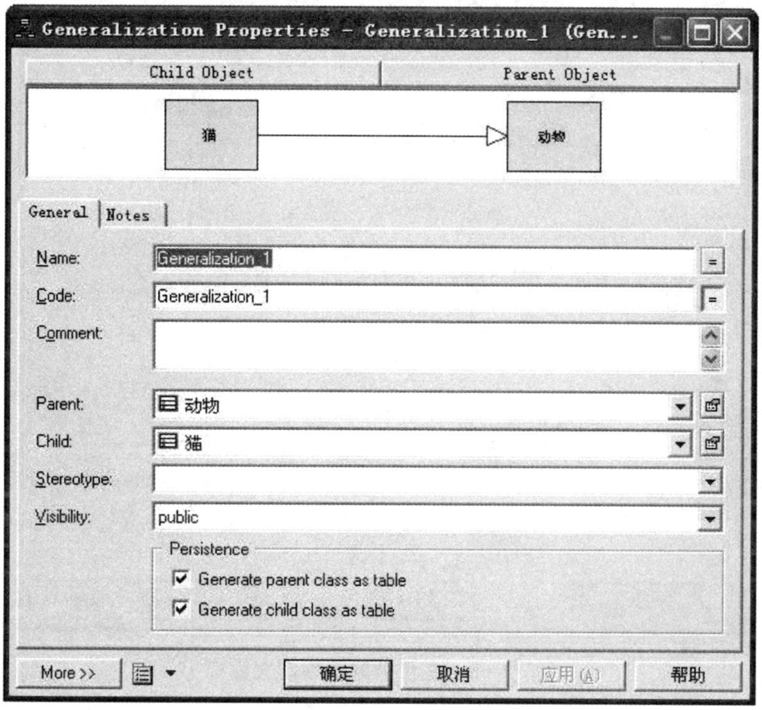

图 3—66 概化属性定义窗口

实现关联可以产生在类与接口之间、接口的快捷方式与类之间、类的快捷方式与接口之间。实现关联是具有方向性的，只有父对象才可以创建快捷方式。

可以在类与接口之间建立多个实现关联，但是最好只建立一个，因为一个接口只能实现类的一个操作。当利用 OOM 产生其他模型时，如果存在多个实现关联，系统会显示警告信息。实现关联是具有方向性的，箭头总是指向接口方向。在连接的外围设备类与外围设备之间产生了一个实现关联，如图 3—67 所示。

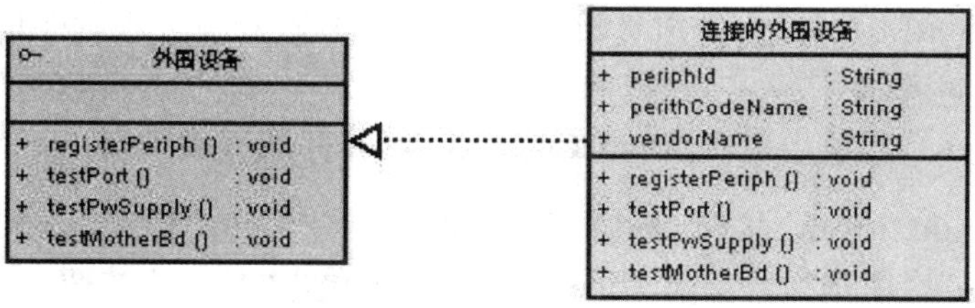

图 3—67 实现关联

为创建实现关联，具体过程如下：

步骤 1：在 Palette 面板中单击“Realization”工具，再单击第一个类或接口的图形符号，按下鼠标左键，并将光标拖曳到另外一个类或接口上，释放鼠标，在类之间或类与接口之间产生一个实现关联。

步骤 2：双击实现关联，打开实现关联属性定义窗口，如图 3—68 所示。

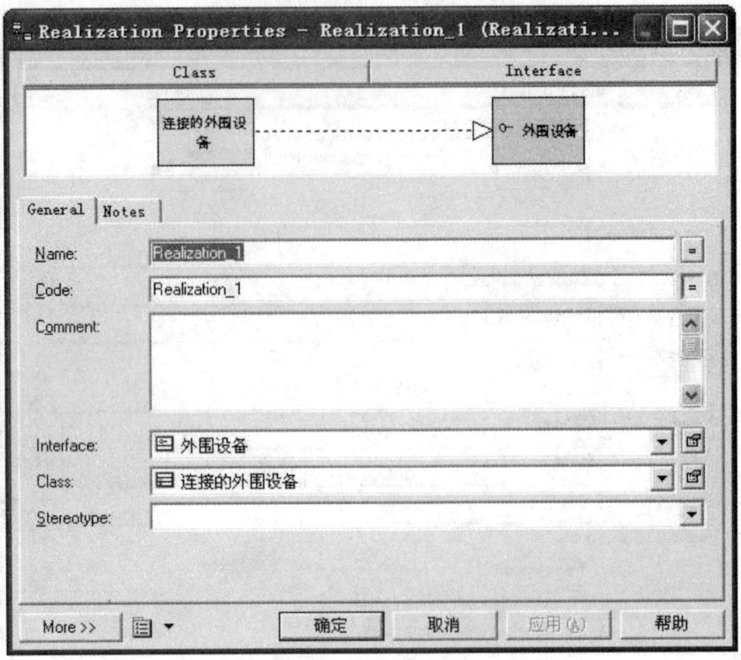

图 3-68 实现关联属性定义窗口

其中,"General"页中各选项的含义是:

(1)Class 表示类。

(2)Interface 表示接口。

(3)Stereotype 表示版型。

步骤 3:定义完毕后,单击"确定"按钮,返回主窗口。

此外,还可以通过实现关联列表窗口创建实现关联。

(七)创建域

域 (Domain)定义了一个属性的一组有效值。在属性中应用域能够使属性在不同类中的取值标准化。在 OOM 中可以为域定义数据类型、检查参数和业务规则等信息。

创建域的具体过程如下;

步骤 1:在"Model"菜单中单击"Domains..."命令,打开域列表窗口。

步骤 2:单击"Add a Row"按钮,增加一个新的域,在"Name"栏和"Code"栏中输入名称和代码,在"Data Type"栏中选择数据类型。输入完成后,单击"Apply"按钮。

步骤 3:选中新定义的域,然后单击"Properties"按钮,打开域属性定义窗口,在其中根据需要修改域的其他属性。

步骤 4:修改完毕后,单击"确定"按钮,返回主窗口。

在 OOM 中,域的使用方法与 CDM 和 PDM 类似。

作业 1

根据上述绘制方法,完成票务管理系统类图示例,如图 3-69 所示。

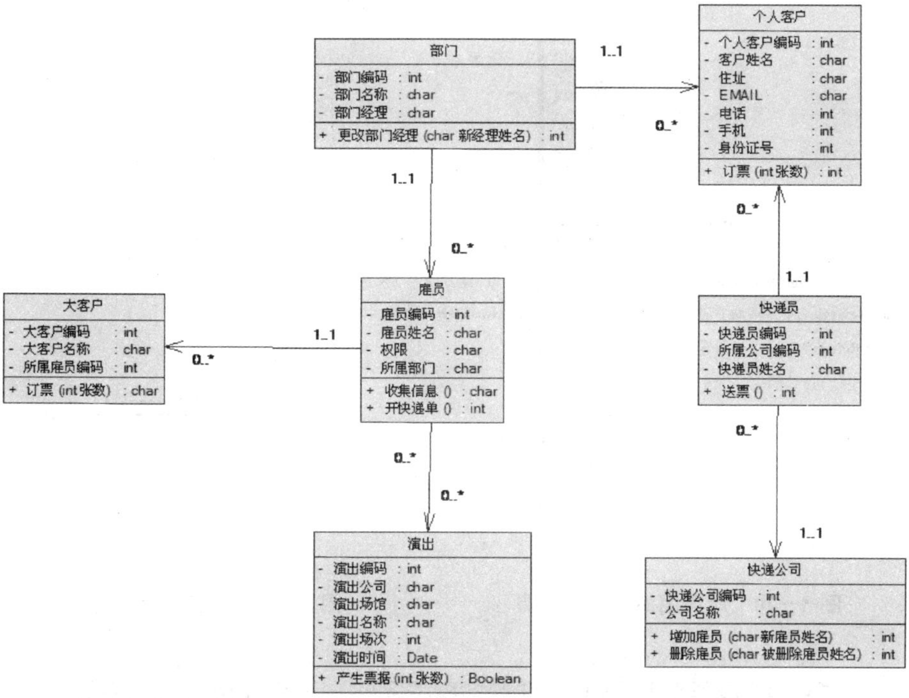

图 3—69　票务管理系统类图示例

四、顺序图

产生顺序图的方法与产生用例图的方法类似。设计顺序图时，可以在角色和对象之间、对象和对象之间定义消息。但两个角色之间一般不定义消息，如果做了定义，在检查模型时，系统会自动删除，并提出警告。如果消息的发送者和接收者是同一个对象，称为递归消息。

为建立顺序图，可按以下步骤进行：

步骤 1：在 OOM 设计窗口"New"对话框右侧的"First diagram"栏中选择"Sequence Diagram"(顺序图)图形类别。

步骤 2：单击"确定"按钮，进入顺序图设计工作区。这时，Palette 面板上的顺序图消息类型工具及其他基本构件工具如图 3—70 所示。

(一)产生不同类型的消息

在顺序图中可以定义不同类型的消息，具体方法是：

步骤 1：在顺序图的 Palette 工具面板中选择 6 种类型的消息工具之一。

例如，在顺序图设计工作区中加入一个"Actor"和一个"Object"，然后单击"Message"工具，再单击消息发送者的生命线，拖动鼠标至消息接收者的生命线后释放鼠标。然后，单击右键释放"Message"工具。在消息的发送者和接收者的生命线间产生一条消息线(如图 3—71 所示)。

步骤 2：双击消息图形符号，打开消息属性窗口，见图 3—72。在"Name"栏和"Code"栏中输入消息的名称和代码，并在"Control flow"下拉列表中选择控制的类型。定义完毕后，单击"确定"按钮，返回到顺序图工作区。

图 3—70　顺序图消息类型工具

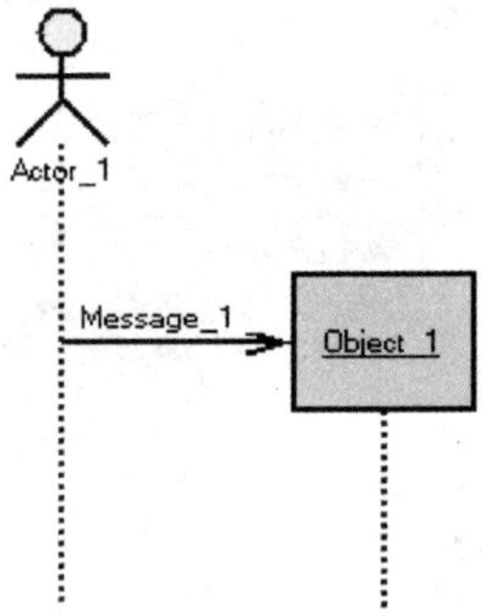

图 3—71　建立一条消息线

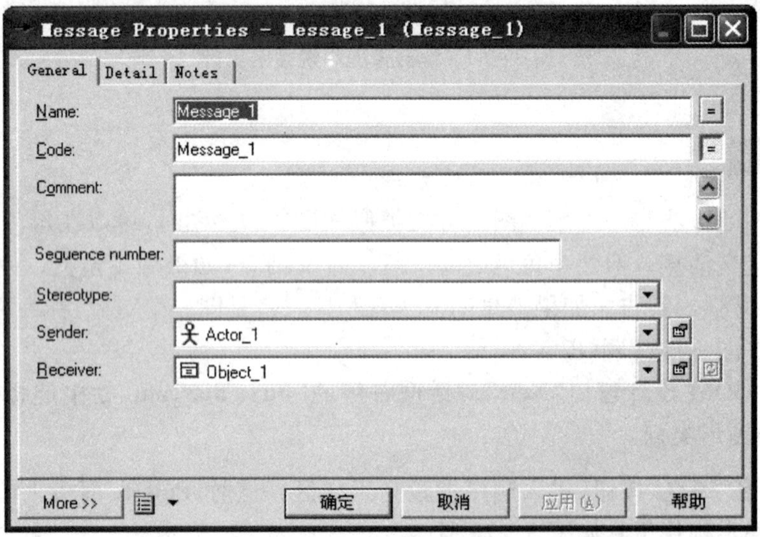

图 3—72　“消息属性”窗口

其中,“General”页各选项的含义是:

(1)Sender 表示消息的发送者。

(2)Receiver 表示消息的接收者。

(3)Stereotype 表示使用的版型。该选项的默认值为空,可以通过在“Model”菜单中单击“Extended Model Definitions...”命令来定义当前 PDM 模型的版型。

步骤 3:选择“Detail”属性页,如图 3—73 所示,可以为消息定义更详细的属性。

其中,“Detail”页中各选项的含义是:

(1)Action 表示完成的动作。它包含 4 个选项,其含义如表 3—4 所示。

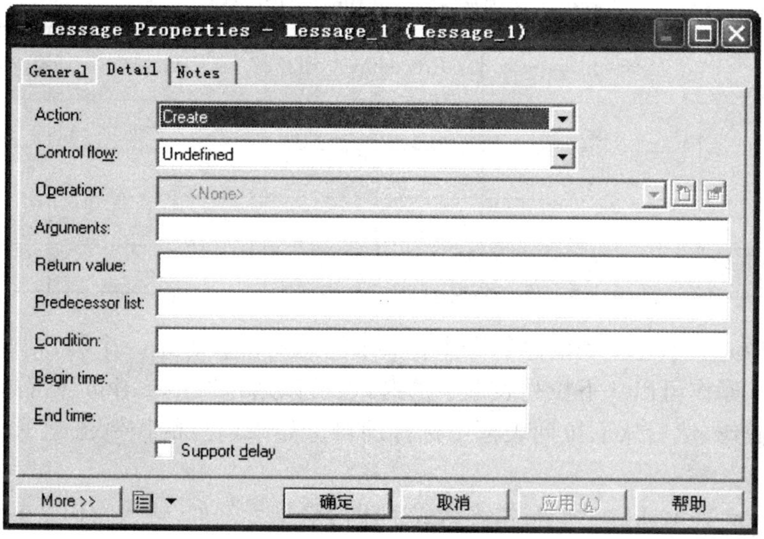

图 3—73　“Detail”属性页

表 3—4　“Action”选项的含义

动作类型	含　义
None	不完成其他任何操作
Create	消息的发送者通过消息创建接收者，它是发送者和接受者的第一个消息
Destroy	消息的发送者通过消息销毁接收者，它是发送者和接受者的最后一个消息
Self-Destroy	消息的发送者通过消息销毁自己，它是发送者和接受者的最后一个消息

(2)Control flow 表示消息控制流的类型。它包含 4 个选项，其含义如表 3—5 所示。

表 3—5　“Control flow”选项的含义

控制流类型	含　义	图形符号
Asynchronous	异步消息。消息的发送者不需要等待接收者的应答便可以继续自己的操作。一般用在并发处理中	
Procedure Call	过程调用消息。下一个序列重新开始之前当前序列必须完成。发送者必须等待接收者的应答或激活期结束	
Return	通常与“Procedure Call”一起使用，表示消息返回	
Undefined	未定义	

“Action”选项与“Control flow”选项的配合情况如表 3—6 所示。

表 3－6 “Action”选项与“Control flow”选项的配合情况

动作＼控制流	Asynchronous	Procedure Call	Return	Undefined
None	√	√	√	√
Create	√	√	×	√
Destroy	√	√	×	√
Self-Destroy	×	×	√	×

(3)Operation 表示连接到消息的操作。如果消息的接收者是一个类，则此消息可以调用一个类的操作。操作可以从下拉列表框中选择，也可以通过“Operation”栏右边的“Create”按钮建立一个新操作，然后从下拉列表框中选择即可。如果消息的控制流是 Return，则不能连接一个操作。

(4)Condition 表示通过一个布尔表达式来激活消息。例如，输入密码次数≤3 次。

(5)Begin time 表示消息开始的时间，用于定义约束。

(6)End time 表示消息结束的时间，用于定义约束。例如，约束＝($t_1-t_2<30$ 秒)，其中 t_1 表示开始时间，t_2 表示结束时间。

(7)Support delay 表示定义消息的传输延迟。如果支持延迟，则 End time 可以与 Begin time 不同。

步骤 4：在 Palette 面板单击“Note”工具，可以为消息增加一个注释，然后再利用“Link/Extended Dependency”工具，在注释和生命线上的消息矩形框之间增加一条带箭头的连线。

步骤 5：如果将一个消息的“Action”属性设置为“Create”，则利用这个消息可以产生一个 UML 对象，除递归消息或消息的接收者是角色之外。Create 消息在顺序图中的表现如图 3－74所示。

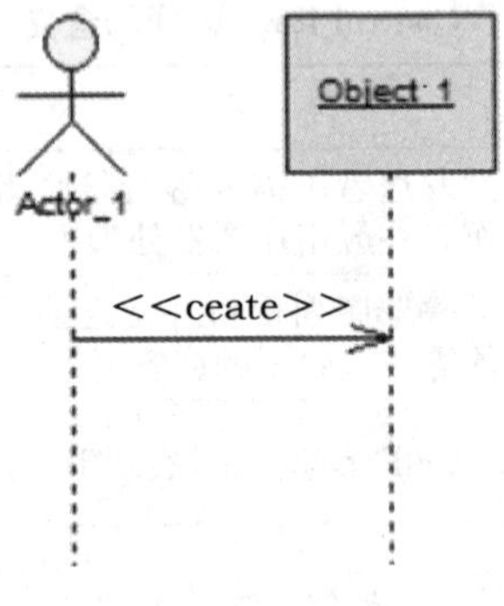

图 3－74 create 消息的表现形式

步骤 6：如果将一个消息的“Action”属性设置为“Destroy”，则利用这个消息可以终止一个 UML 对象的生命线，但不是销毁对象，除消息的接收者是角色之外。Destroy 消息在顺序图中的表现如图 3－75 所示。

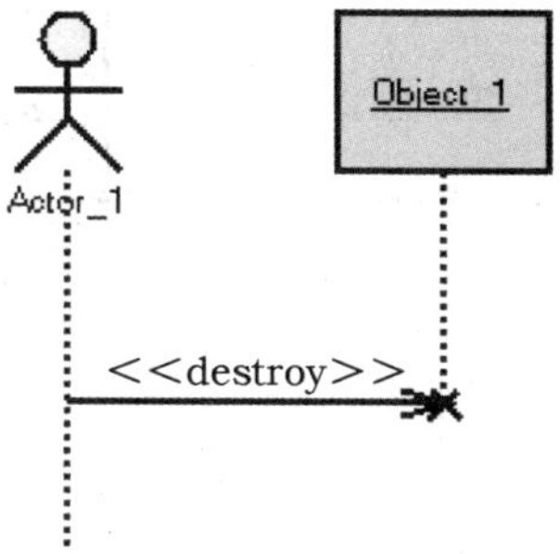

图 3—75 Destroy 消息在顺序图中的表现

当使用 Return Message 工具,其"Control flow"选项设置为"Return"时,消息的"Action"选项可以设置为"self-destroy",表示通过返回消息销毁对象自己,除消息的接收者是角色或递归消息之外。self-destroy 消息在顺序图中的表现如图 3—76 所示。

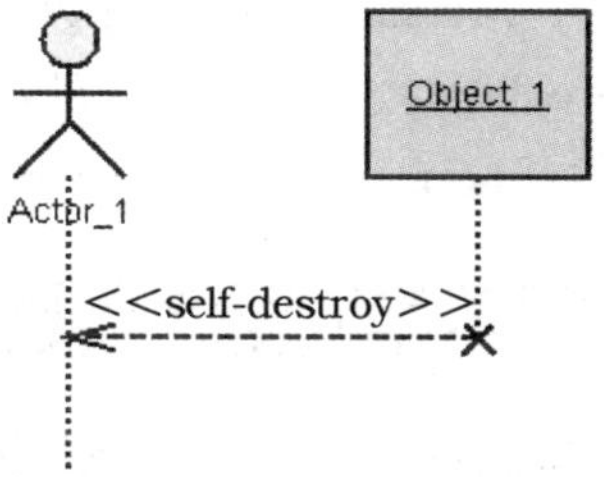

图 3—76 Self-destroy 消息在顺序图中的表现

当消息的发送者和接收者是同一个对象时,则称该消息为递归消息。递归消息不支持"Action"选项为"Create"或"Self-Destroy",也不支持"Support delay"选项。递归消息分为两种:一种是不带激活期的;另一种是带激活期的,但要求"Control flow"选项的值设置为"Procedure Call"。

步骤 7:其他属性页。例如,Rules 用来定义规则;Dependencies 用来定义依赖关系;Version Info 用来显示版本信息;等等。

(二)消息的激活期

消息的激活期表示消息持续的时间,即消息所指定的动作执行所需要的时间。有些消息自带了激活期,该方法适用于"Control flow"的值为"Procedure Call"类型的消息,这是因为 Procedure Call 开始了这个激活期。譬如,利用"带有激活期的递归消息"工具和"带有激活期的消息"工具创建的消息。带有激活期的消息在顺序图中的表现如图 3—77 所示。

(三)设置顺序图的显示参数

可以设置顺序图的显示参数,以便更清晰地表明角色或对象之间交互时产生的时序关系。具体方法是:

步骤 1:在顺序图工作区中,在"Tools"菜单中单击"Display Preferences ..."命令,打开显示参数设置窗口,单击"General"节点,在右面的窗口中可以定义整个工作区的背景色(Window Color)、显示单位(Unit)、网格线(Grid)等属性。

步骤 2:单击"Object View"节点,在右边的窗口中可以定义名称拼写(Name Splitting)属性。

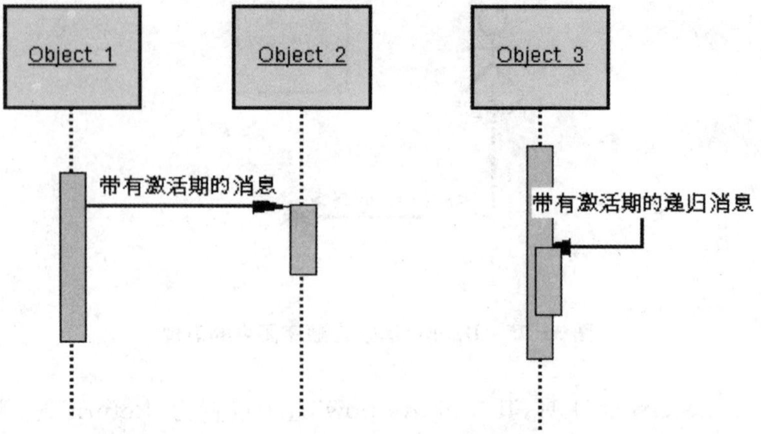

图 3—77　带有激活期的消息在顺序图中的表现

步骤 3：单击"Object View"下的"Message"节点，可以定义消息的显示参数，如显示名称(Show name)、显示版型(Show stereotype)、显示时间(Show time)、显示激活消息的表达式(Show condition)和显示激活期附件(Show activation attachment)。如图 3—78 所示。

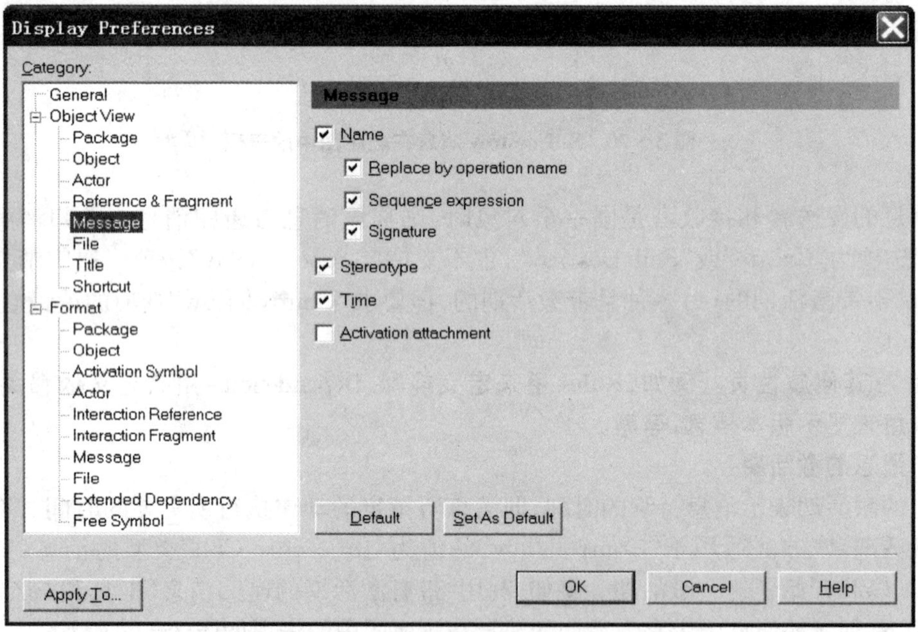

图 3—78　定义消息的显示参数

步骤 4：单击"Format"节点，可以定义顺序图内容的显示格式。例如，在图 3—79 所示的界面中，通过单击"Modify..."按钮，打开显示参数定义窗口，在其中可以为消息定义特殊显示格式。

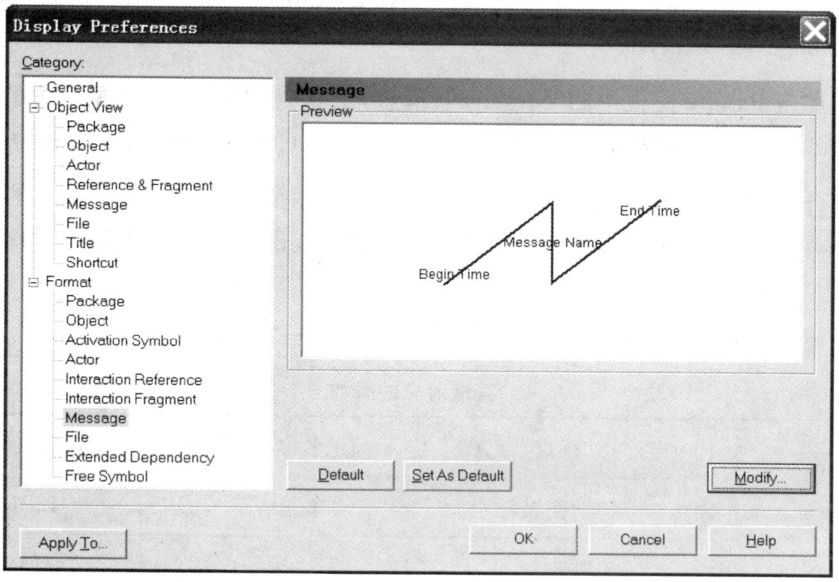

图 3－79 "显示参数"定义窗口

下面以打电话为例讲解如何定义时序图，具体操作如下：

步骤 1：进入 OOM 设计环境，在"First Diagram"下拉列表框中选择时序图（Sequence Diagram），并以 Java 语言作为对象语言（Object Language）。

步骤 2：选择完毕后单击"确定"按钮，进入时序图设计窗口。

步骤 3：单击 Palette 面板中的"Object"（对象）工具，在右边工作区域的空白处单击鼠标，出现对象符号。

步骤 4：在工作区单击鼠标右键，恢复鼠标指针。再双击对象符号，弹出"对象属性"窗口。在"Name"栏中填写"呼叫方"，在"Code"栏中填写"Caller"，如图 3－80 所示。填写完毕后，单击"确定"按钮。

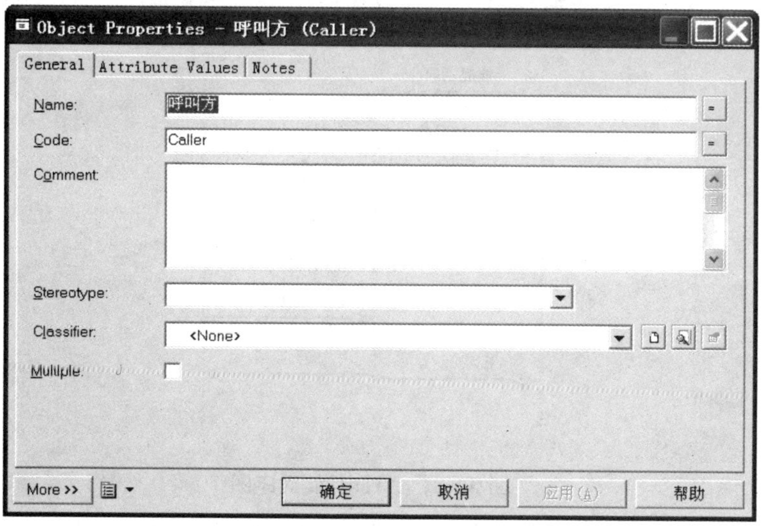

图 3－80 "对象属性"窗口

步骤 5：重复步骤 3 至步骤 4，添加其他两个对象，Name 分别为“交换机”和“被叫方”，Code 分别为“Exchange”和“Receiver”。

步骤 6：单击 Palette 面板中的“Message”（消息）工具，在“呼叫方”对象下方的虚线处单击鼠标，拖动鼠标至“交换机”对象下方的虚线释放鼠标，即可增加一个消息，形状为右箭头。

步骤 7：在设计工作区空白区域单击鼠标右键，鼠标指针变为箭头形状。再双击对象符号，弹出消息属性窗口。在“Name”栏中填写“拿起话筒”，在“Code”栏中填写“LiftReceiver”，填写完毕后，单击“确定”按钮。

步骤 8：重复步骤 6 至步骤 7，添加其他消息，如表 3—7 所示。

表 3—7 其他消息的添加

起点	终点	消息名称 (Name)	消息代码 (Code)
呼叫方	交换机	拿起话筒	LiftReciever
交换机	呼叫方	可以拨号音	DialTone
呼叫方	交换机	拨号	DialDigit
交换机	呼叫方	拨号音	RingingTone
交换机	接听方	电话铃声	PhoneRings
接听方	交换机	接听	AnswerPhone
交换机	接听方	接听完毕	StopTone
交换机	呼叫方	电话挂断音	StopRinging

步骤 9：最终完成的时序图如图 3—81 所示。

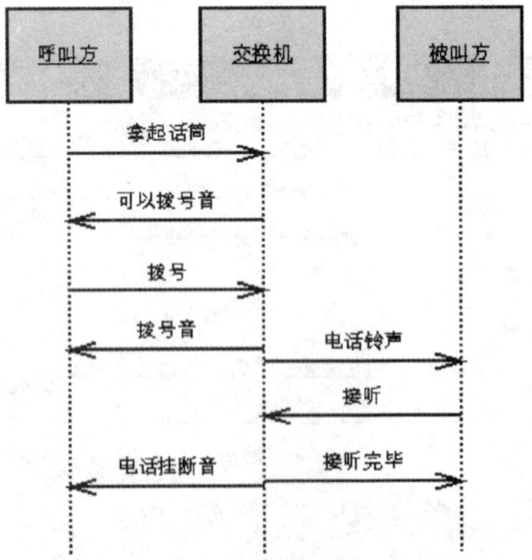

图 3—81 “打电话”时序图

步骤 10：在"File"菜单中单击"Save"命令，保存新建的面向对象模型。

上述时序图描述了从呼叫方拿起话筒开始，到通过交换机接通被叫方，直至接听完毕挂断电话为止的一系列动作。事实上，不同的设计人员对系统会有不同的理解，从而也可能导致所设计的时序图大同小异。

第四章

综合性实验

实验7——结构化开发综合实验

实验目的

- 掌握结构化软件开发的基本过程与方法。
- 了解结构化分析、设计、实现阶段所需要完成的任务。
- 掌握结构化建模工具的使用。
- 掌握和运用CASE工具进行辅助开发。

实验要求

- 绘制系统数据流图，创建主要数据字典。
- 完成概要设计。
- 完成详细设计。
- 完成数据库设计和代码设计。
- 完成界面设计并提交系统原型。
- 提交系统程序代码。
- 进行系统演示。

实验环境

- Windows 2000操作系统。
- PowerDesigner 11.0。
- Visio。
- SQL SERVER；ACCESS。
- JSP、ASP等。

■ IIS、TOMCAT 等。

软件开发项目

请从备选实验系统项目中自行选择信息系统项目，采用结构化方法完成整个系统的开发，作为综合实验实验的系统开发项目。

本项目计划自××××年 3 月 10 日起开始，至××××年 6 月 10 日止结束。现要求成立 4 人组的项目团队完成该系统开发任务。假定你是该项目的项目经理，请根据上述用户需求安排项目的主要工作内容、开发阶段，设定各阶段的里程碑，并建立项目定期汇报和跟踪的机制（例如例会和工作定期汇报等）。

按照要求完成以下实验任务：

作业 1

项目管理——完成项目计划

【作业要求】

(1)完成该项目的进度管理，显示项目 PERT 图以及甘特图，并显示项目的关键路径。

(2)完成该项目的资源管理，显示项目任务的资源分配情况，并自行解决资源过度分配的问题。

(3)建立项目的跟踪管理机制。

作业 2

需求分析——数据流图和数据字典

【作业要求】

(1)完成该系统的过程建模，绘制完整的数据流图。

(2)对数据流图中主要存储、数据流和处理的字典说明。

作业 3

概要设计——建立模块结构图

【作业要求】

(1)建立该系统的模块结构图。

(2)建立模块与数据流图之间的对应关系。

作业 4

概要设计——数据建模

【作业要求】

(1)找出软件的主要实体，并绘制实体—关系图。

(2)建立系统的 U/C 矩阵。

作业 5

详细设计——模块程序设计

【作业要求】

进行软件过程的详细设计，采用主要绘图工具表示出来(程序流程图、盒图、过程设计语言、问题分析图，任选其一)。

作业 6

数据库设计——数据表

【作业要求】

根据实体—关系图建立数据库表。

作业 7

界面设计——交互界面

【作业要求】

设计该系统所涉及的主要图形用户界面。

作业 8

代码设计

【作业要求】

对主要数据进行代码设计。

作业 9

系统实现——程序语言可自选

【作业要求】

完成系统设计到程序代码的转换，列出主要程序代码。

作业 10

课堂演示

【作业要求】

学期结束时，在课堂对所设计的系统进行演示。

实验总结

经过本软件项目的开发实践，你遇到了哪些问题，是如何解决的？有何收获与体会？

示例实验

图书馆系统

图书管理系统的目标是使用计算机对图书信息进行管理，从而为图书借阅人提供便捷服务，并为图书管理人员提供可靠信息。系统需要实现以下基本功能：

(1)权限验证：验证用户合法身份，保证图书和借阅信息安全。

(2)用户注册：用于增加系统用户。

(3)图书借阅管理：完成图书的借出登记信息、归还登记信息，以及借书信息和还书信息的查询浏览等相关管理功能。

(4)书库管理：维护书库中的图书信息，完成新书的入库登记、图书信息的查询以及图书丢失处理等功能。

(5)读者管理：维护读者相关信息，完成新读者信息的登记、读者信息的查询以及读者注销等功能。

(一)需求分析——数据流图和数据字典

> 作业 1
>
> 完成系统数据流图以及数据字典

数据流图

0 层：

1层：

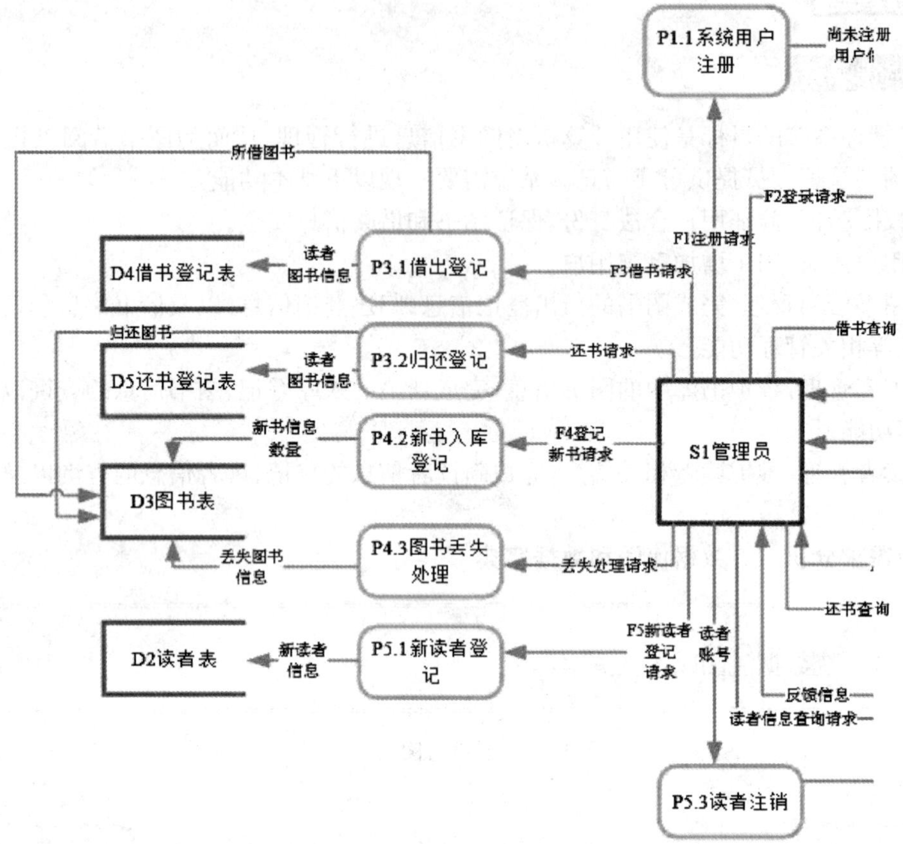
P1.1系统用户注册
尚未注册用户信
所借图书
F2登录请求
F1注册请求
D4借书登记表
读者图书信息
P3.1借出登记
F3借书请求
借书查询
归还图书
D5还书登记表
读者图书信息
P3.2归还登记
还书请求
新书信息数量
P4.2新书入库登记
F4登记新书请求
S1管理员
D3图书表
丢失图书信息
P4.3图书丢失处理
丢失处理请求
还书查询
D2读者表
新读者信息
P5.1新读者登记
F5新读者登记请求
读者账号
反馈信息
读者信息查询请求
P5.3读者注销

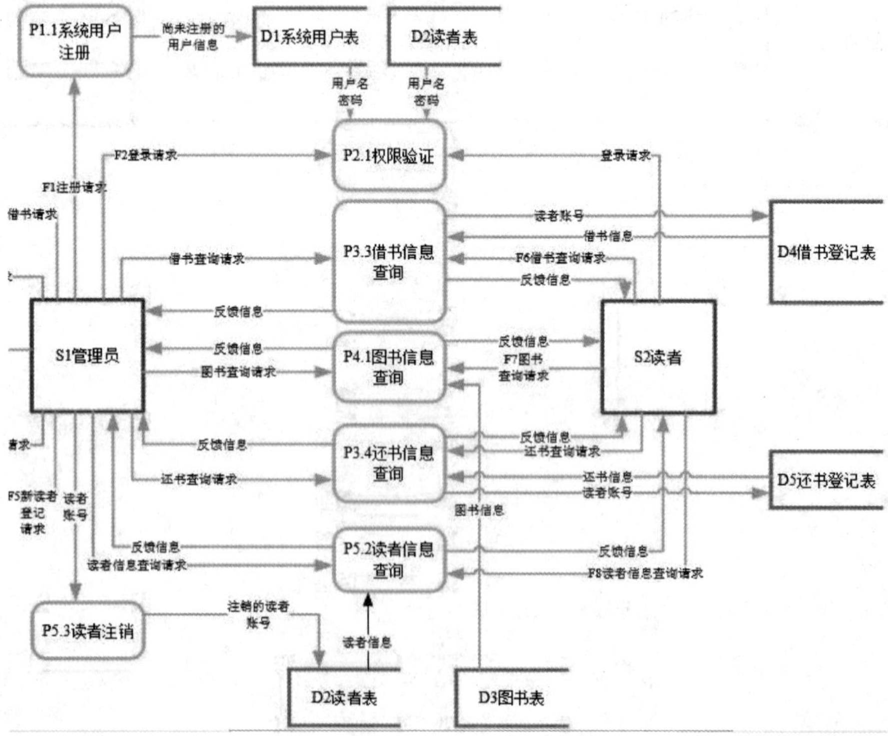
P1.1系统用户注册
尚未注册的用户信息
D1系统用户表
D2读者表
用户名密码
用户名密码
F2登录请求
P2.1权限验证
登录请求
F1注册请求
借书请求
读者账号
借书信息
D4借书登记表
借书查询请求
P3.3借书信息查询
F6借书查询请求
反馈信息
反馈信息
S1管理员
反馈信息
P4.1图书信息查询
反馈信息
F7图书查询请求
S2读者
图书查询请求
反馈信息
P3.4还书信息查询
反馈信息
还书查询请求
还书查询请求
还书信息
读者账号
D5还书登记表
F5新读者登记请求
读者账号
图书信息
反馈信息
P5.2读者信息查询
反馈信息
读者信息查询请求
F8读者信息查询请求
P5.3读者注销
注销的读者账号
读者信息
D2读者表
D3图书表

总体数据流图

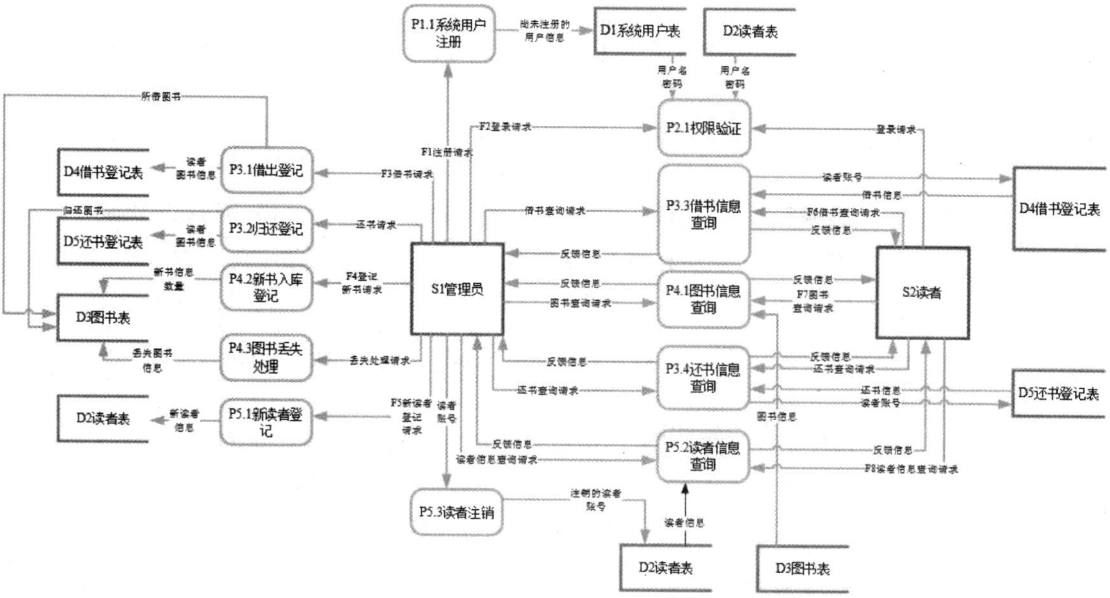

数据流图中的主要存储、数据流和处理的字典说明如下表所示。

数据流字典

编号	名　称	来源	去向	所含数据结构	说　明
F1	注册请求	S1	P1.1	用户名、密码、邮箱	用于注册系统用户
F2	登录请求	S2	P2.1	用户名、密码	用于权限验证
F3	借书请求	S1	P3.1	读者账号、所借图书号	用于借书登记
F4	登记新书请求	S1	P4.2	新书号、详细信息、数量	用于新书入库
F5	新读者登记请求	S1	P5.1	新读者信息	用于读者登记
F6	借书查询请求	S2	P3.3	读者账号、所借图书号	用于借书信息查询
F7	图书查询请求	S3	P4.1	图书信息	用于图书信息查询
F8	读者信息查询请求	S4	P5.2	读者账号	用于读者信息查询

数据存储字典

编号	名　称	输入数据流	输出数据流	内容	说明
D1	系统用户表	尚未注册的用户信息	用户名密码	用户信息(账号、密码、邮箱等)	用于记录系统用户
D2	读者表	注销的读者账号	读者信息	读者信息(账号、密码等)	用于记录读者信息
D3	图书表	新书信息数量	图书信息	图书信息、数量等	用于记录图书信息
D4	借书登记表	读者账号	借书信息	读者账号、图书信息	用于记录读者借书信息
D5	还书登记表	读者图书信息	还书信息	读者账号、图书信息	用于记录读者还书信息

数据处理字典					
编号	名称	输入	处理逻辑概况	输出	说明
P1.1	系统与户注册	注册请求	根据注册请求及系统用户表，判断是否已存在用户，若不存在，则登记新用户	用户名、密码	注册
P2.1	权限验证	登录请求	根据用户账号判断其权限	用户名、密码	权限验证
P3.1	借出登记	借书请求	处理读者的借书请求	读者、图书信息	图书借出处理
P4.2	图书丢失处理	丢失处理请求	处理丢失图书	丢失图书信息	图书丢失处理
P5.3	读者注销	读者账号	根据读者账号注销读者	注销的读者账号	读者注销处理

(二)概要设计——建立模块结构图

作业 2

建立图书管理系统的模块结构图

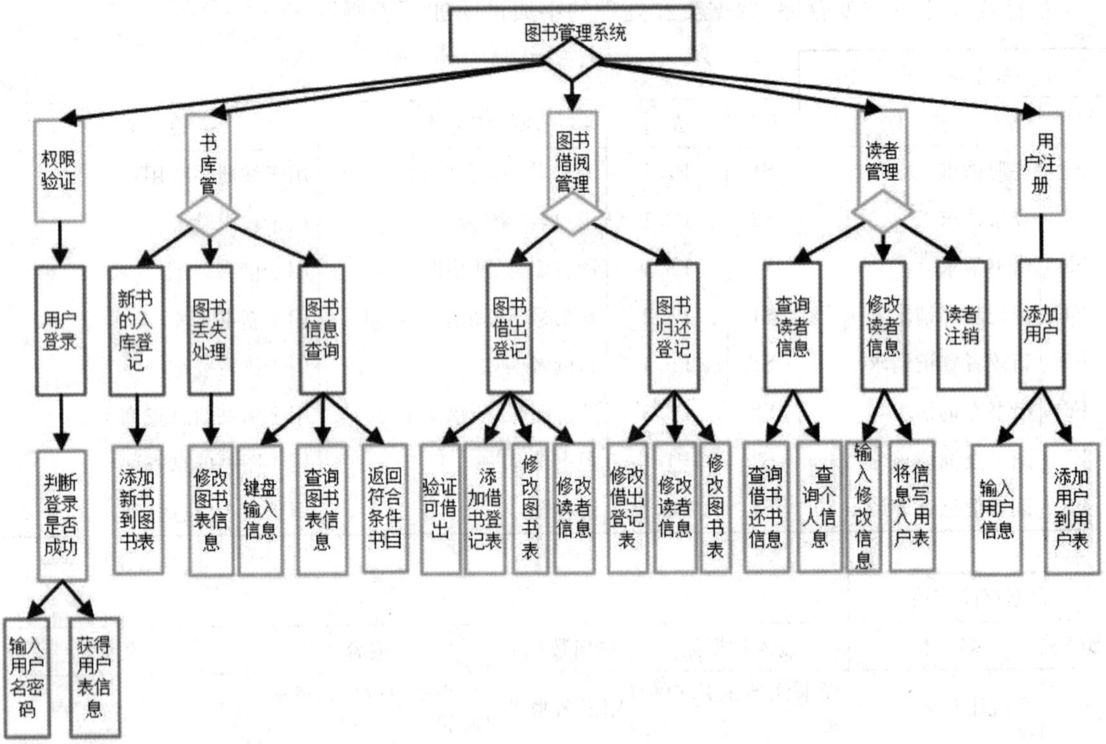

(三)概要设计——E—R 图(可选)

> 作业 3
>
> 找出软件的主要实体,并绘制实体—关系图

实体—关系图

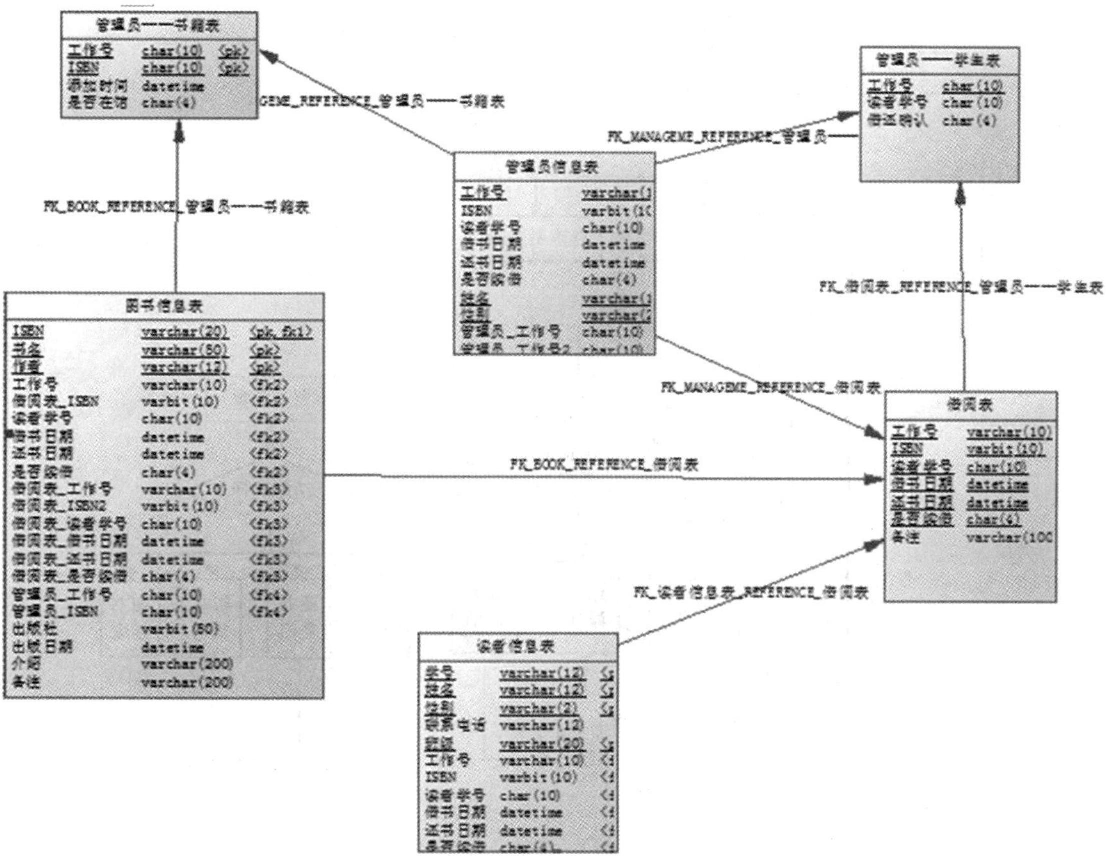

(四)详细设计——IPO 图(可选)

> 作业 4
>
> 进行软件过程的详细设计,说明每个模块的主要输入、处理和输出。

图书管理系统——“判断登录是否成功”的 IPO 图

系统名:图书管理系统	设计人:
模块名:判断登录是否成功	
上层调用模块:权限验证	下层调用模块:输入用户和密码;获得用户表信息
输入数据:用户名和密码	输出数据:用户表信息
处理:IF 用户名正确 & 密码正确 THEN 获取用户信息,登录成功 ELSE 退出登录	

(五)详细设计——程序流程图、盒图、过程设计语言、问题分析图(任选其一)

作业5

进行系统的详细设计,采用主要绘图工具表示出来

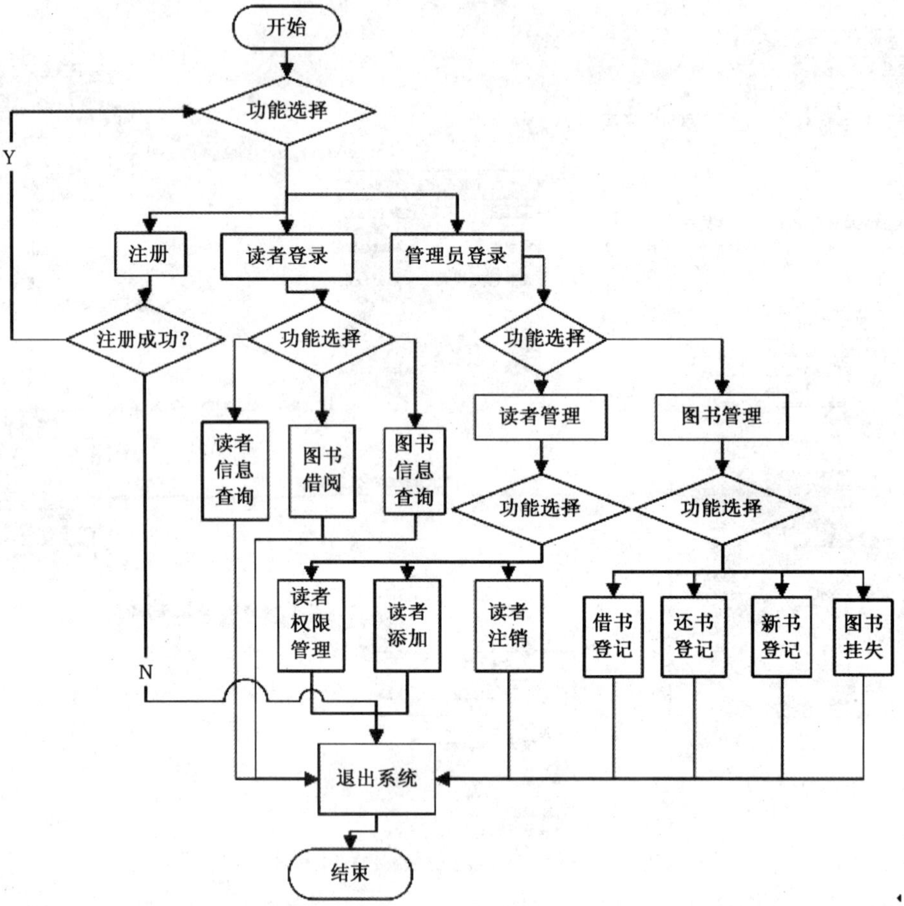

(六)数据库设计——数据表(可选)

作业6

根据实体—关系图建立数据库表

作业区:主要的数据库表

(七)界面设计——交互界面(可选)

作业 7

设计该系统所涉及的主要图形用户界面

主要用户界面截图

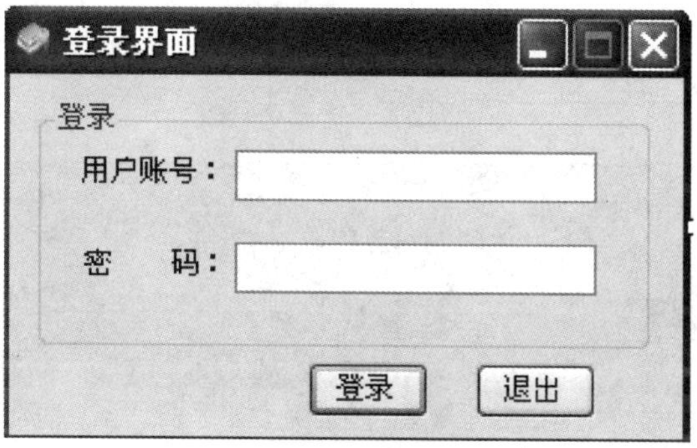

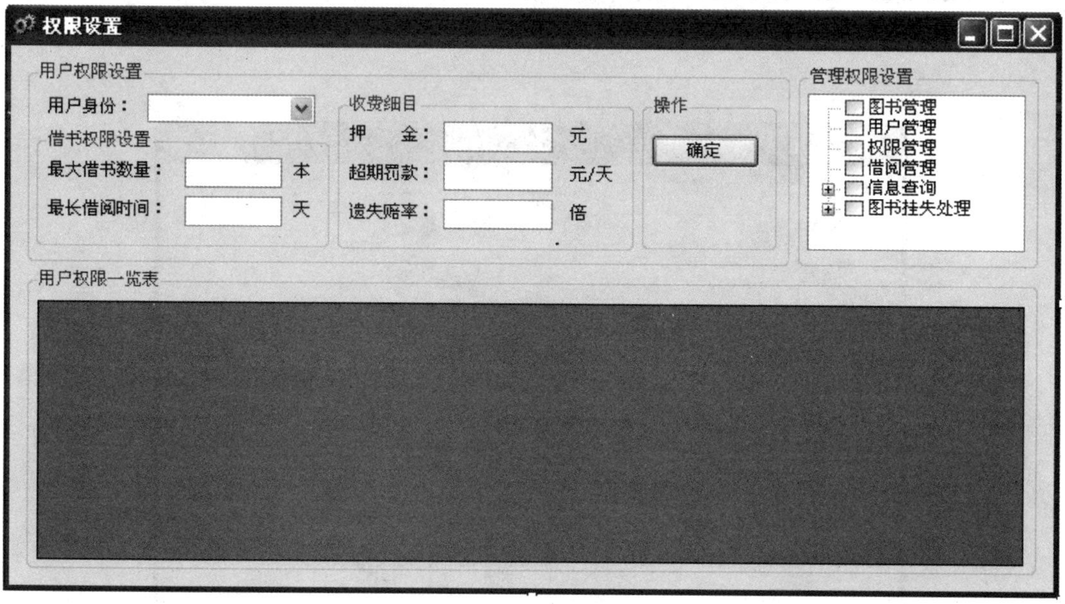

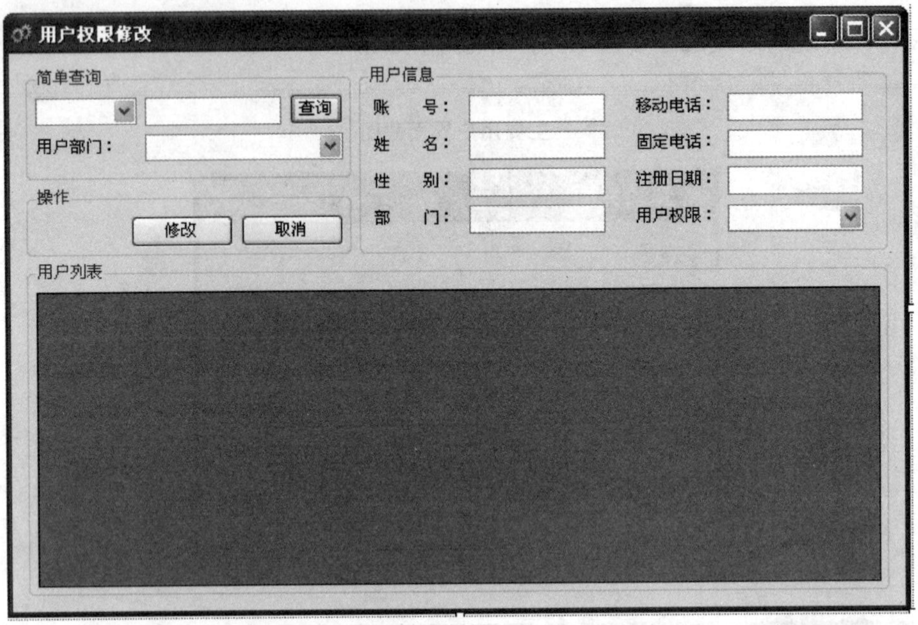
用户权限修改
简单查询
查询
用户部门：
操作
修改
取消
用户信息
账 号：
姓 名：
性 别：
部 门：
移动电话：
固定电话：
注册日期：
用户权限：
用户列表

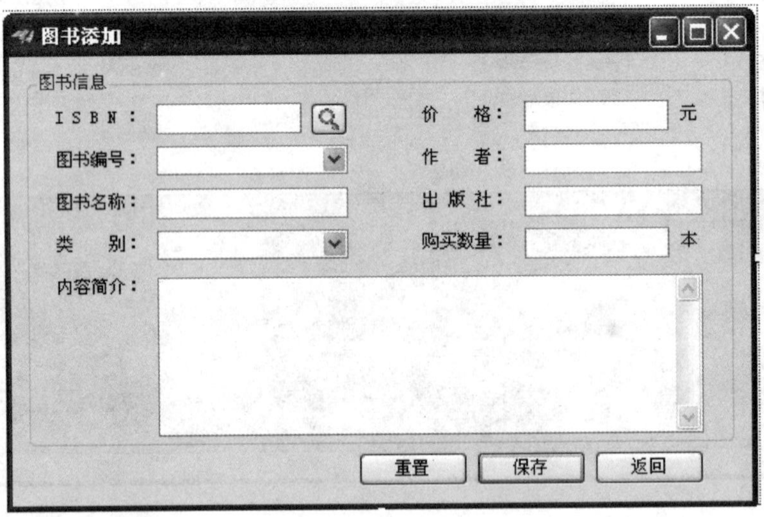
图书添加
图书信息
ISBN：
图书编号：
图书名称：
类 别：
内容简介：
价 格：
元
作 者：
出 版 社：
购买数量：
本
重置
保存
返回

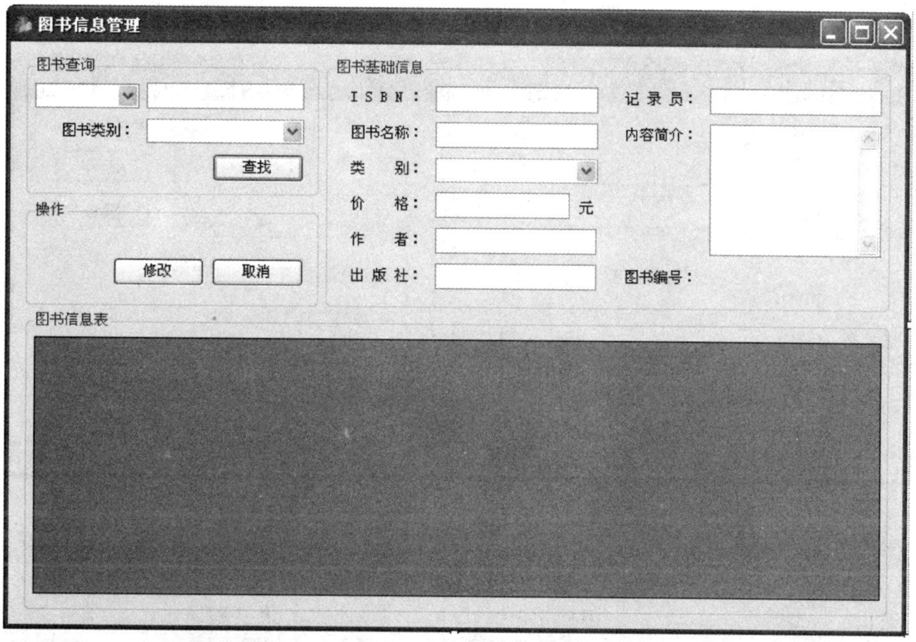
图书信息管理
图书查询
图书类别：
查找
操作
修改
取消
图书基础信息
ISBN：
图书名称：
类　别：
价　格：
元
作　者：
出 版 社：
记 录 员：
内容简介：
图书编号：
图书信息表

用户信息添加
用户信息
账号自动生成，密码默认为“123456”
账　号：
密　码：
姓　名：
性　别：
部　门：
移动电话：
固定电话：
用户权限：
操作
添加
取消

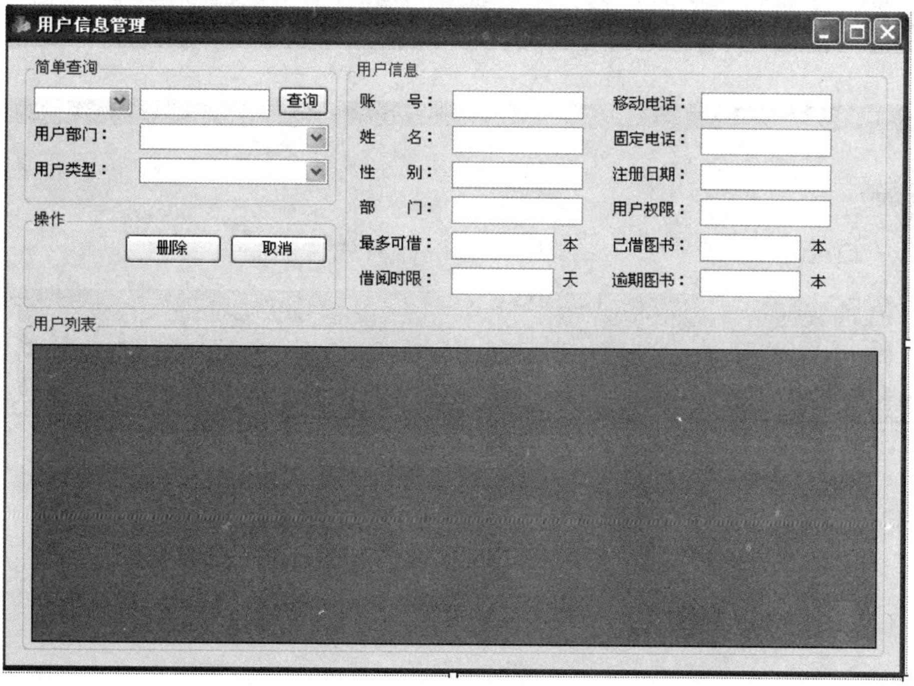
用户信息管理
简单查询
查询
用户部门：
用户类型：
操作
删除
取消
用户信息
账　号：
姓　名：
性　别：
部　门：
最多可借：
本
借阅时限：
天
移动电话：
固定电话：
注册日期：
用户权限：
已借图书：
本
逾期图书：
本
用户列表

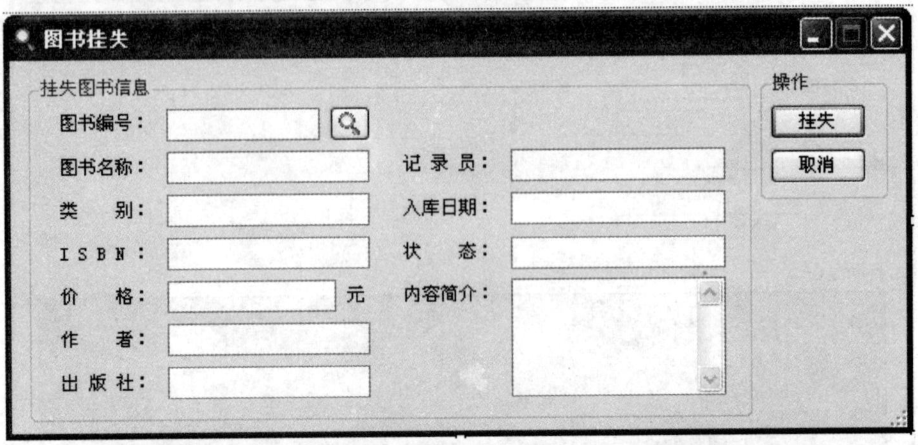
图书挂失
挂失图书信息
图书编号：
图书名称：
类 别：
ISBN：
价 格：
元
作 者：
出 版 社：
记 录 员：
入库日期：
状 态：
内容简介：
操作
挂失
取消

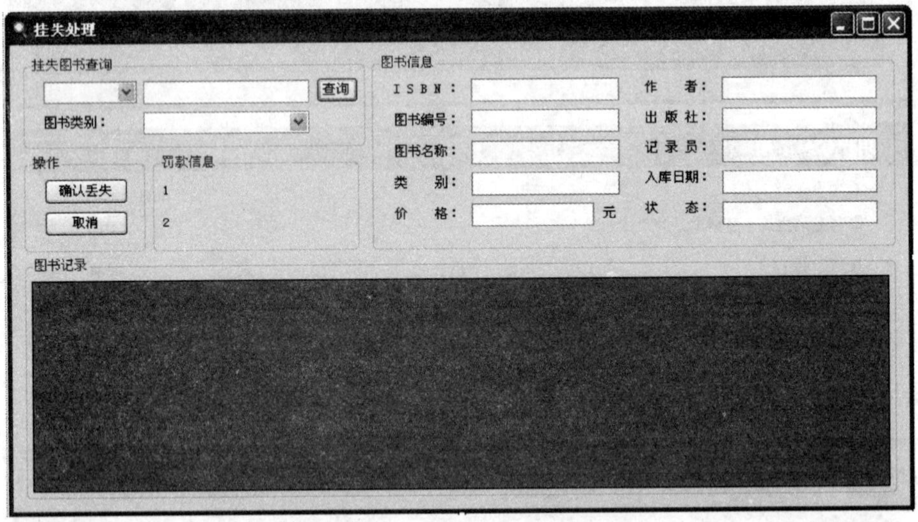
挂失处理
挂失图书查询
查询
图书类别：
操作
确认丢失
取消
罚款信息
1
2
图书信息
ISBN：
图书编号：
图书名称：
类 别：
价 格：
元
作 者：
出 版 社：
记 录 员：
入库日期：
状 态：
图书记录

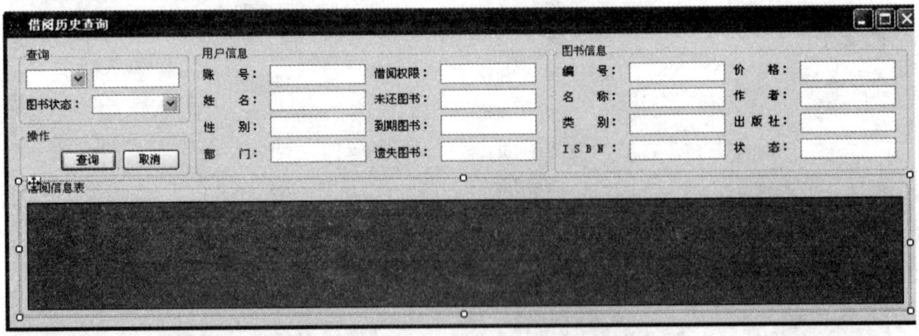
借阅历史查询
查询
图书状态：
操作
查询
取消
用户信息
账 号：
姓 名：
性 别：
部 门：
借阅权限：
未还图书：
到期图书：
遗失图书：
图书信息
编 号：
名 称：
类 别：
ISBN：
价 格：
作 者：
出 版 社：
状 态：
借阅信息表

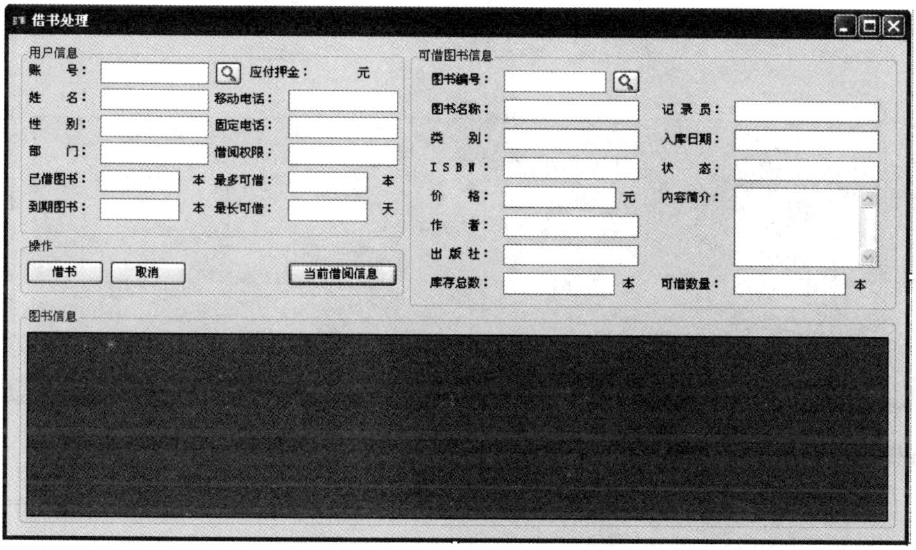
借书处理
用户信息
账　号：
应付押金：
元
姓　名：
移动电话：
性　别：
固定电话：
部　门：
借阅权限：
已借图书：
本
最多可借：
本
到期图书：
本
最长可借：
天
操作
借书
取消
当前借阅信息
可借图书信息
图书编号：
图书名称：
记 录 员：
类　别：
入库日期：
ISBN：
状　态：
价　格：
元
内容简介：
作　者：
出 版 社：
库存总数：
本
可借数量：
本
图书信息

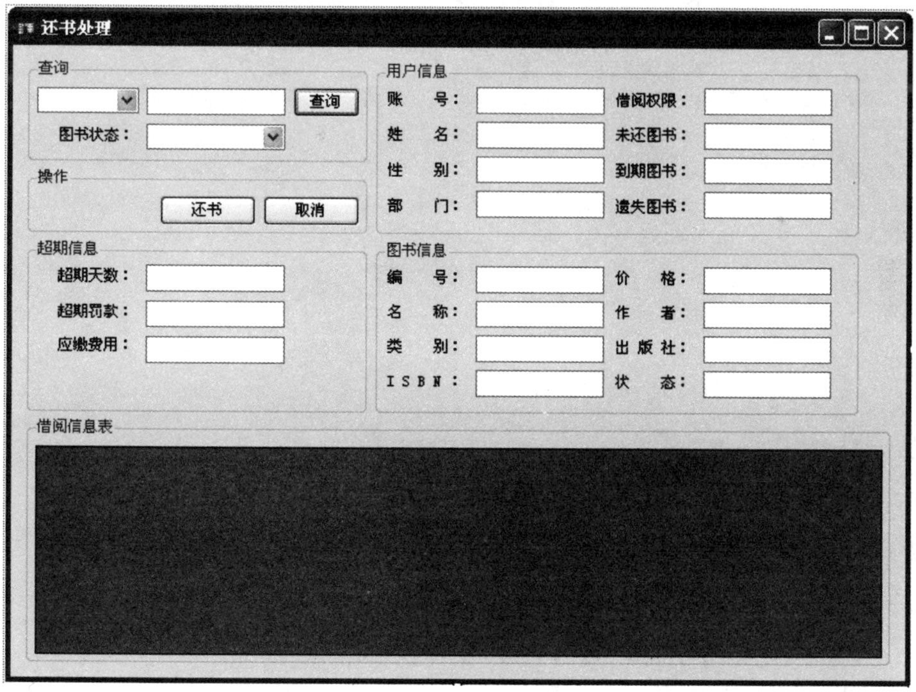
还书处理
查询
查询
图书状态：
操作
还书
取消
超期信息
超期天数：
超期罚款：
应缴费用：
用户信息
账　号：
借阅权限：
姓　名：
未还图书：
性　别：
到期图书：
部　门：
遗失图书：
图书信息
编　号：
价　格：
名　称：
作　者：
类　别：
出 版 社：
ISBN：
状　态：
借阅信息表

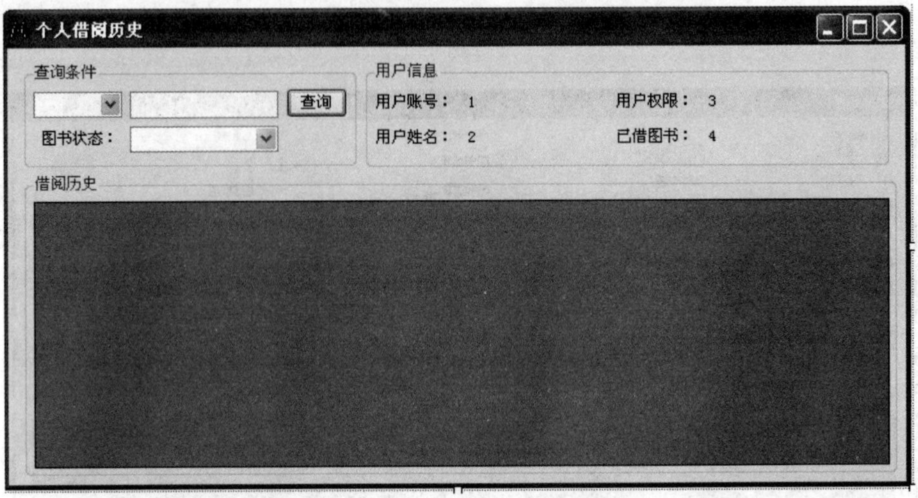

(八)代码设计(可选)

> 作业 8
>
> 对主要数据进行代码设计

代码设计方案

(九)系统实现——程序语言可自选

作业 9

完成系统设计到程序代码的转换,列出主要程序代码

主要程序代码

1. 登录界面

主要代码:

```
public LoginForm()
{
    InitializeComponent();
}

private void loginbtn_Click(object sender, EventArgs e)
{
    if (this.useracctxt.Text.Trim()== "" && this.pswtxt.Text == "")
    {
        MessageBox.Show("请输入您的用户名和密码!", "提示!");
        return;
    }
    try
    {
        string sql;
        sql = "select * from tb_user where uacc='" + this.useracctxt.Text + "' and upsw='" + this.
pswtxt.Text + "'";
        OleDbDataReader dr = DBHelp.OleReader(sql);
        dr.Read();

        if (dr.HasRows)
        {
            uacc = this.useracctxt.Text;
            upsw = this.pswtxt.Text;
            uname = dr["uname"].ToString();
            usex = dr["usex"].ToString();
            upart = dr["upart"].ToString();
            uright = dr["uright"].ToString();

            MainForm af = new MainForm(this);
            this.Hide();
            this.useracctxt.Clear();
            this.pswtxt.Clear();
            af.Show();
        }
        else
```

```
                {
                    MessageBox.Show("账号或密码错误!", "提示!");
                    this.useracctxt.Clear();
                    this.pswtxt.Clear();
                    this.useracctxt.Focus();
                }
            }
            catch (Exception)
            {
                MessageBox.Show("数据库无法连接!", "警告!");
            }
        }
        private void cancelbtn_Click(object sender, EventArgs e)
        {
            Application.Exit();
        }
        private void LoginForm_Closing(object sender, FormClosingEventArgs e)
        {
            Application.Exit();
        }
    }
```

2. 权限设置

主要代码：

```
public partial class RightSet : Form
    {
        public RightSet()
        {
            InitializeComponent();
        }

        private void RightSet_Load(object sender, EventArgs e)
        {
            this.rightbox.SelectedIndex = 0;
            //this.treeright.ExpandAll();
            Fill();
        }

        private void okbtn_Click(object sender, EventArgs e)
        {
            if (this.txtnum.Text == string.Empty)
            {
                MessageBox.Show("请输入最大借阅图书数量!", "提示!");
                return;
```

```
}

if (this.txtday.Text == string.Empty)
{
    MessageBox.Show("请输入最大借阅图书时间!", "提示!");
    return;
}
if (this.txtcost.Text == string.Empty)
{
    MessageBox.Show("请输入借书押金金额!", "提示!");
    return;
}
if (this.txtfine.Text == string.Empty)
{
    MessageBox.Show("请输入超期罚款金额!", "提示!");
    return;
}
if (this.txttim.Text == string.Empty)
{
    MessageBox.Show("请输入图书遗失罚款倍数!", "提示!");
    return;
}

ArrayList arr = new ArrayList();
foreach (TreeNode nodes in this.treeright.Nodes)
{
    if (nodes.Checked)
    {
        arr.Add("1");
    }
    else
    {
        arr.Add("0");
    }
    foreach(TreeNode node in nodes.Nodes)
    {
            if (node.Checked)
            {
                arr.Add("1");
            }
            else
            {
                arr.Add("0");
            }
```

```
        }
    }

    string[] a=new string[11];
    for (int i = 0; i < arr.Count; i++)
    {
        if (arr[i].ToString().Trim()== "1")
        {
            a[i] = "yes";
        }
        else
        {
            a[i] = "no";
        }
    }

    string sql = string.Empty;
    sql += "select * from tb_right where uright='" + this.rightbox.Text + "'";
    DataTable dt = DBHelp.ExeOleCommand(sql);

    bool b = false;

    while (dt.Rows.Count != 0)
    {
        b = true;
        break;
    }

    string sql1;

    if (b)
    {
        sql1 = "update tb_right set ";
        sql1 += "maxbook='" + this.txtnum.Text + "',";
        sql1 += "maxdate='" + this.txtday.Text + "',";
        sql1 += "rcost='" + this.txtcost.Text + "',";
        sql1 += "rfine='" + this.txtfine.Text + "',";
        sql1 += "rtim='" + this.txttim.Text + "',";
        sql1 += "rbm='" + a[0] + "',";
        sql1 += "rum='" + a[1] + "',";
        sql1 += "rrm='" + a[2] + "',";
        sql1 += "rborm='" + a[3] + "',";
        sql1 += "ris='" + a[4] + "',";
        sql1 += "rbis='" + a[5] + "',";
```

```
                sql1 += "ruis='" + a[6] + "',";
                sql1 += "rboris='" + a[7] + "',";
                sql1 += "rblp='" + a[8] + "',";
                sql1 += "rbl='" + a[9] + "',";
                sql1 += "rlp='" + a[10] + "' ";
                sql1 += "where uright='" + this.rightbox.Text + "'";
            }
            else
            {
                sql1 = "insert into 
tb_right(uright,maxbook,maxdate,rcost,rfine,rtim,rbm,rum,rrm,rborm,ris,rbis,ruis,rboris,rblp,rbl,
rlp)";
                sql1 += " values('" + this.rightbox.Text + "','" + this.txtnum.Text + "','" + 
this.txtday.Text + "','" + this.txtcost.Text + "','" + this.txtfine.Text + "','" + this.txttim.Text + "','" + 
a[0] + "','" + a[1] + "','" + a[2] + "','" + a[3] + "','" + a[4] + "','" + a[5] + "','" + a[6] + "','" 
+ a[7] + "','" + a[8] + "','" + a[9] + "','" + a[10] + "')";
            }

            DataTable dt1 = DBHelp.ExeOleCommand(sql1);

            Fill();
        }

        private void Fill()
        {
            string sql;
            sql = "select rid as ID号,uright as 用户身份, maxbook as 最大借书数量,maxdate as 最
大借阅时间,rcost as 押金,rfine as 超期罚率,rtim as 遗失赔率,rbm as 图书管理,rum as 用户管理,rrm as 权
限管理,rborm as 借阅管理,ris as 信息查询,rbis as 图书信息查询,ruis as 用户信息查询,rboris as 借阅历史
查询,rblp as 图书挂失处理,rbl as 图书挂失,rlp as 挂失处理 from tb_right";

            DataTable dt = DBHelp.ExeOleCommand(sql);
            this.dataGridView1.DataSource = dt;
        }

        private void cell_click(object sender, DataGridViewCellEventArgs e)
        {
            this.rightbox.Text = this.dataGridView1[1, 
this.dataGridView1.CurrentCell.RowIndex].Value.ToString().Trim();
            this.txtnum.Text = this.dataGridView1[2, 
this.dataGridView1.CurrentCell.RowIndex].Value.ToString().Trim();
            this.txtday.Text = this.dataGridView1[3, 
this.dataGridView1.CurrentCell.RowIndex].Value.ToString().Trim();
            this.txtcost.Text = this.dataGridView1[4, 
```

```
this.dataGridView1.CurrentCell.RowIndex].Value.ToString().Trim();
                this.txtfine.Text = this.dataGridView1[5,
this.dataGridView1.CurrentCell.RowIndex].Value.ToString().Trim();
                this.txttim.Text = this.dataGridView1[6,
this.dataGridView1.CurrentCell.RowIndex].Value.ToString().Trim();

                ArrayList list = new ArrayList();
                string sql = "select * from tb_right where uright='" + this.rightbox.Text + "'";
                DataTable dt = DBHelp.ExeOleCommand(sql);

                if (dt.Rows.Count ! = 0)
                {
                    for (int i = 0; i < 11; i++)
                    {
                        list.Add(dt.Rows[0][7+i].ToString());
                    }

                  ArrayList arr = new ArrayList();

                  foreach (TreeNode nodes in this.treeright.Nodes)
                  {
                      arr.Add(nodes);
                      foreach(TreeNode node in nodes.Nodes)
                      {
                          arr.Add(node);
                      }
                  }

                  for (int i = 0; i < list.Count; i++)
                  {
                      if (list[i].ToString()== "yes")
                      {
                          ((TreeNode)arr[i]).Checked = true;
                      }
                      else
                      {
                          ((TreeNode)arr[i]).Checked = false;
                      }
                  }
                }
            }
```

3. 添加图书信息

主要代码：

```
public partial class NewBook : Form
```

```
{
    public NewBook()
    {
        InitializeComponent();
    }

    private void retbtn_Click(object sender, EventArgs e)
    {
        this.Hide();
    }

    private void savebtn_Click(object sender, EventArgs e)
    {
        if (this.booknotxt.Text == "")
        {
            MessageBox.Show("请输入图书的信息!", "提示!");
            return;
        }
        if (this.booknametxt.Text == "")
        {
            MessageBox.Show("请输入图书的信息!", "提示!");
            return;
        }
        if (this.classtxt.Text == "")
        {
            MessageBox.Show("请输入图书的信息!", "提示!");
            return;
        }
        if (this.isbntxt.Text == "")
        {
            MessageBox.Show("请输入图书的信息!", "提示!");
            return;
        }
        if (this.bookcosttxt.Text == "")
        {
            MessageBox.Show("请输入图书的信息!", "提示!");
            return;
        }
        if (this.bookwritertxt.Text == "")
        {
            MessageBox.Show("请输入图书的信息!", "提示!");
            return;
        }
        if (this.bookpubtxt.Text == "")
```

```
{
    MessageBox.Show("请输入图书的信息!", "提示!");
    return;
}
if (this.numtxt.Text == "")
{
    MessageBox.Show("请输入图书的信息!", "提示!");
    return;
}
if (this.notetxt.Text == "")
{
    MessageBox.Show("请输入图书的信息!", "提示!");
    return;
}

//string pat3 = @"^[\u4e00-\u9fa5]+$";//全为汉字
//string pat4 = @"^([\u4e00-\u9fa5]+|[A-Za-z]+)$";//汉字或字母
//string pat5 = @"^[\u4e00-\u9fa5]{2,4}$";//两到四位汉字

string pat1 = @"^(\d[-]*){9}[\dxX]$";//图书的 ISBN 号格式 X-XXXX-XXXX-X
或 X-XXX-XXXXX-X(X 为数字,以图书实际 ISBN 号为准)
string pat2 = @"^\+?[1-9][0-9]*$";//正整数
string pat3 = @"^(0|[1-9][0-9]*)(.[0-9]{2})?$";//双精度浮点数


bool m1 = Program.match(this.isbntxt.Text, pat1);
bool m2 = Program.match(this.numtxt.Text, pat2);
bool m3 = Program.match(this.bookcosttxt.Text, pat3);

if (!m1)
{
    MessageBox.Show("图书的 ISBN 号格式为 X-XXXX-XXXX-X 或 X-XXX-XXXXX
-X(X 为数字,以图书实际 ISBN 号为准)!", "提示!");
    this.isbntxt.Text = "";
    return;
}
if (!m2)
{
    MessageBox.Show("图书购买数量应为大于 0 的整数!", "提示!");
    this.numtxt.Text = "";
    return;
}
if (!m3)
{
```

```
            MessageBox.Show("图书价格应为 XX.XX 元!", "提示!");
            this.bookcosttxt.Text = "";
            return;
        }

        int num;
        num = Convert.ToInt32(this.numtxt.Text);
        for (int i = 1, k = Convert.ToInt32(this.booknotxt.Text); i <= num; i++, k++)
        {
            string sql;
            sql = "insert into
tb_book(bno,bname,bclass,bisbn,bcost,adder,adddate,bauthor,bpub,bstate,bnote)"
                    + "values('" + k.ToString() + "','" + this.booknametxt.Text + "','" + this.
classtxt.Text + "','" + this.isbntxt.Text + "','" + this.bookcosttxt.Text + "','" + LoginForm.uname + "',
'" + DateTime.Now.ToString() + "','" + this.bookwritertxt.Text + "','" + this.bookpubtxt.Text + "',在库
','" + this.notetxt.Text + "')";
            DataTable dt = DBHelp.ExeOleCommand(sql);
        }

        MessageBox.Show("注册成功!", "恭喜!");
        this.Hide();
    }

    private void rebtn_Click(object sender, EventArgs e)
    {
        this.isbntxt.Clear();
        Clears();
    }

    private void Clears()
    {
        this.booknametxt.Clear();
        //this.isbntxt.Clear();
        this.bookcosttxt.Clear();
        this.bookwritertxt.Clear();
        this.bookpubtxt.Clear();
        this.notetxt.Clear();
        this.numtxt.Clear();
    }

    private void NewBook_Load(object sender, EventArgs e)
    {
        string sql;
        sql = "select top 1 bno from tb_book order by bno desc";
```

```
            DataTable dt = DBHelp.ExeOleCommand(sql);
            int k;
            for (int i = 0; i < 1; i++)
            {
                if (dt.Rows[0][0].ToString()== "")
                {
                    k = 10000001;
                }
                else
                {
                    k = Convert.ToInt32(dt.Rows[0][0].ToString());
                    k++;
                }
                this.booknotxt.Items.Add(k.ToString());
            }

            this.booknotxt.SelectedIndex = 0;
            this.classtxt.SelectedIndex = 0;
        }

        private void findbtn_Click(object sender, EventArgs e)
        {
            if (this.isbntxt.Text == "")
            {
                MessageBox.Show("请输入图书的 ISBN 号!", "提示!");
                return;
            }

            string sql;
            sql = "select * from tb_book where bisbn='" + this.isbntxt.Text + "'";
            OleDbDataReader dr = DBHelp.OleReader(sql);
            dr.Read();

            if (dr.HasRows)
            {
                this.booknametxt.Text = dr["bname"].ToString().Trim();
                this.classtxt.Text = dr["bclass"].ToString().Trim();
                this.bookcosttxt.Text = dr["bcost"].ToString().Trim();
                this.bookwritertxt.Text = dr["bauthor"].ToString().Trim();
                this.bookpubtxt.Text = dr["bpub"].ToString().Trim();
                this.notetxt.Text = dr["bnote"].ToString().Trim();

                MessageBox.Show("找到匹配图书信息,自动填充基本信息,请填充余下信息!", "提
示!");
```

```
            this.numtxt.Enabled = true;
        }
        else
        {
            Clears();
            MessageBox.Show("未找到匹配图书信息!","提示!");
            this.booknotxt.Enabled = true;
            this.booknametxt.Enabled = true;
            this.classtxt.Enabled = true;
            this.bookcosttxt.Enabled = true;
            this.bookwritertxt.Enabled = true;
            this.bookpubtxt.Enabled = true;
            this.numtxt.Enabled = true;
            this.notetxt.Enabled = true;
        }

    }
    }
```

4. 图书信息管理

主要代码:

```
public partial class BookManage : Form
  {
    public BookManage()
    {
        InitializeComponent();
    }

    string bookisbn;

    private void BookManage_Load(object sender, EventArgs e)
    {
        this.checkbox.SelectedIndex = 0;
        this.classbox.SelectedIndex = 0;
    }

    private void checkbtn_Click(object sender, EventArgs e)
    {
        FillGrid();
    }

    private void cell_click(object sender, DataGridViewCellEventArgs e)
    {
        FillInfo();
    }
```

```
private void nobtn_Click(object sender, EventArgs e)
{
    this.Close();
}

private void okbtn_Click(object sender, EventArgs e)
{

    if (this.nametxt.Text == string.Empty)
    {
        MessageBox.Show("执行操作前,请先选择图书!","提示!");
        return;
    }

            //修改同 ISBN 图书信息
    string sql2= string.Empty;
    sql2 += "update tb_book set bisbn='" + this.isbntxt.Text + "',bname='" + this.nametxt.
Text + "',bclass='" + this.classtxt.Text + "',bcost=" + this.costtxt.Text + ",bauthor='" + this.writer-
txt.Text + "',bpub='" + this.pubtxt.Text + "',adder='" + this.addertxt.Text + "',bnote='" + this.no-
tetxt.Text + "'";
    sql2 += " where bisbn='" + this.bookisbn + "'";

    DataTable dt2 = DBHelp.ExeOleCommand(sql2);

    string sql5 = string.Empty;
    sql5 += "update tb_borrow set bname='" + this.nametxt.Text + "',bisbn ='" + this.is-
bntxt.Text + "'";
    sql5 += " where bisbn='" + this.bookisbn + "'";

    DataTable dt5 = DBHelp.ExeOleCommand(sql5);
    MessageBox.Show("该类图书信息修改成功!", "提示!");

    this.checktxt.Text = "";
    FillGrid();
    FillInfo();
}

private void FillGrid()
{
    if (this.checkbox.Text == string.Empty)
    {
        MessageBox.Show("请输入你要使用的检索条件!", "提示!");
        return;
```

```
        }
        if (this.classbox.Text == string.Empty)
        {
            MessageBox.Show("请输入你要查找的图书类型!", "提示!");
            return;
        }

        string sql = string.Empty;
        sql += "select bid as ID号, bno as 图书编号, bname as 图书名称,bauthor as 作者, bclass as 类别, bisbn as ISBN号, bcost as 价格,bpub as 出版社, adder as 记录员, adddate as 入库日期,bnote as 内容简介,bstate as 状态 from tb_book";

        if (this.checktxt.Text != "")
        {
            string c = this.checkbox.SelectedIndex.ToString();

            switch (c)
            {
                case "0"://图书名称
                    if (this.checktxt.Text != string.Empty)
                    {
                        sql += " where bname like '%" + this.checktxt.Text + "%'";
                    }
                    break;
                case "1"://图书编号
                    if (this.checktxt.Text != string.Empty)
                    {
                        sql += " where bno like '%" + this.checktxt.Text + "%'";
                    }
                    break;
                case "2"://作者
                    if (this.checktxt.Text != string.Empty)
                    {
                        sql += " where bauthor like '%" + this.checktxt.Text + "%'";
                    }
                    break;
                case "3"://isbn号
                    if (this.checktxt.Text != string.Empty)
                    {
                        sql += " where bisbn like '%" + this.checktxt.Text + "%'";
                    }
                    break;
                case "4"://出版社
                    if (this.checktxt.Text != string.Empty)
```

```
                {
                    sql += " where bpub like '%" + this.checktxt.Text + "%'";
                }
                break;
            default:
                break;
        }

        if (this.classbox.SelectedIndex.ToString()! = "0")
        {
            sql += " and bclass='" + this.classbox.Text + "'";
        }
    }
    else
    {
        if (this.classbox.SelectedIndex.ToString()! = "0")
        {
            sql += " where bclass='" + this.classbox.Text + "'";
        }
    }

    sql += " order by bno asc";

    DataTable dt = DBHelp.ExeOleCommand(sql);
    this.dataGridView1.DataSource = dt;
}

private void FillInfo()
{
    this.label3.Text = this.dataGridView1[1,
this.dataGridView1.CurrentCell.RowIndex].Value.ToString().Trim();

    this.isbntxt.Text = this.dataGridView1[5,
this.dataGridView1.CurrentCell.RowIndex].Value.ToString().Trim();
    this.nametxt.Text = this.dataGridView1[2,
this.dataGridView1.CurrentCell.RowIndex].Value.ToString().Trim();
    this.classtxt.Text = this.dataGridView1[4,
this.dataGridView1.CurrentCell.RowIndex].Value.ToString().Trim();
    this.costtxt.Text = this.dataGridView1[6,
this.dataGridView1.CurrentCell.RowIndex].Value.ToString().Trim();
    this.writertxt.Text = this.dataGridView1[3,
this.dataGridView1.CurrentCell.RowIndex].Value.ToString().Trim();
    this.pubtxt.Text = this.dataGridView1[7,
this.dataGridView1.CurrentCell.RowIndex].Value.ToString().Trim();
```

```
                this.addertxt.Text = this.dataGridView1[8,
this.dataGridView1.CurrentCell.RowIndex].Value.ToString().Trim();
                this.notetxt.Text = this.dataGridView1[10,
this.dataGridView1.CurrentCell.RowIndex].Value.ToString().Trim();

                this.isbntxt.Enabled = true;
                this.nametxt.Enabled = true;
                this.classtxt.Enabled = true;
                this.costtxt.Enabled = true;
                this.writertxt.Enabled = true;
                this.pubtxt.Enabled = true;
                this.notetxt.Enabled = true;

                this.bookisbn = this.isbntxt.Text;
            }
        }
```

5. 用户信息添加

主要代码：

```
public partial class RegisterForm : Form
    {
        public RegisterForm()
        {
            InitializeComponent();
        }

        private void regbtn_Click(object sender, EventArgs e)
        {
            if (this.usernametxt.Text == string.Empty)
            {
                MessageBox.Show("请输入用户姓名!", "提示!");
                return;
            }

            if(this.sextxt.Text== string.Empty)
            {
                MessageBox.Show("请输入用户性别!", "提示!");
                return;
            }

            if (this.partcob.Text == string.Empty)
            {
                MessageBox.Show("请输入用户所在部门!", "提示!");
                return;
            }
```

```
if (this.telphonetxt.Text == string.Empty)
{
    MessageBox.Show("请输入用户移动电话!", "提示!");
    return;
}

if (this.phonetxt.Text == string.Empty)
{
    MessageBox.Show("请输入用户固定电话!", "提示!");
    return;
}

string pat1 = @"^[0-9]{8,11}$";

bool m1 = Program.match(this.telphonetxt.Text, pat1);
bool m2 = Program.match(this.phonetxt.Text, pat1);

if (! m1)
{
    MessageBox.Show("电话号码为8到11位的正整数!","提示!");
    return;
}

if (! m2)
{
    MessageBox.Show("电话号码为8到11位的正整数!", "提示!");
    return;
}

string sq = string.Empty;
sq += "select * from tb_user";
sq += " where uname='"+this.usernametxt.Text+"' and upart='"+this.partcob.Text+"'
and utelphone='"+this.telphonetxt.Text+"'";
DataTable d = DBHelp.ExeOleCommand(sq);

bool b = false;
while (d.Rows.Count == 0)
{
    b = true;
    break;
}

if (b)
{
```

```
                string sql = string.Empty;
                sql += "insert into
tb_user(uacc,upsw,uname,usex,upart,utelphone,uphone,udate,uright)";
                sql += " values('" + this.useracctxt.Text + "','" + this.pswtxt.Text + "','" + this.use-
rnametxt.Text + "','" + this.sextxt.Text + "','" + this.partcob.Text + "','" + this.telphonetxt.Text + "',
'" + this.phonetxt.Text + "','" + DateTime.Now.ToString()+ "','" + this.rightbox.Text + "')";
                DataTable dt = DBHelp.ExeOleCommand(sql);

                MessageBox.Show("新用户添加成功!", "恭喜!");
                this.Hide();
            }
            else
            {
                MessageBox.Show("该用户已存在!","提示!");
                this.usernametxt.Text = "";
                this.telphonetxt.Text = "";
                this.phonetxt.Text = "";

            }

        }

        private void cancelbtn_Click(object sender, EventArgs e)
        {
            this.Close();
        }
        private void RegisterForm_Load(object sender, EventArgs e)
        {
            string sql;
            sql = "select top 1 uacc from tb_user order by uacc desc";
            DataTable dt = DBHelp.ExeOleCommand(sql);
            int k;

            for (int i = 0; i < 1; i++)
            {
                if (dt.Rows[0][0].ToString()== "")
                {
                    k = 60000001;
                }
                else
                {
                    k = Convert.ToInt32(dt.Rows[0][0].ToString());
                    k++;
                }
```

```
                this.useracctxt.Items.Add(k.ToString());
            }
            this.useracctxt.SelectedIndex = 0;
            this.sextxt.SelectedIndex = 0;
            this.partcob.SelectedIndex = 0;
            this.pswtxt.Text = "123456";
        }
        }
```

6. 图书挂失

主要代码：

```
public partial class BookLost : Form
    {
        public BookLost()
        {
            InitializeComponent();
        }

        private void FillBook()
        {
            string s = string.Empty;
            s += "select * from tb_book";
            s += " where bno='" + this.notxt.Text + "'";

            OleDbDataReader dr = DBHelp.OleReader(s);
            dr.Read();

            if (dr.HasRows)
            {
                this.nametxt.Text = dr["bname"].ToString().Trim();
                this.classtxt.Text = dr["bclass"].ToString().Trim();
                this.isbntxt.Text = dr["bisbn"].ToString().Trim();
                this.costtxt.Text = dr["bcost"].ToString().Trim();
                this.writertxt.Text = dr["bauthor"].ToString().Trim();
                this.pubtxt.Text = dr["bpub"].ToString().Trim();
                this.addertxt.Text = dr["adder"].ToString().Trim();
                this.adddatetxt.Text = dr["adddate"].ToString().Trim();
                this.bstatetxt.Text = dr["bstate"].ToString().Trim();
                this.notetxt.Text = dr["bnote"].ToString().Trim();
            }
            else
            {
                MessageBox.Show("未找到该书!","提示!");
                Clears();
            }
```

```
}

private void Clears()
{
    this.notxt.Text = "";
    this.nametxt.Text = "";
    this.classtxt.Text = "";
    this.isbntxt.Text = "";
    this.costtxt.Text = "";
    this.writertxt.Text = "";
    this.pubtxt.Text = "";
    this.addertxt.Text = "";
    this.adddatetxt.Text = "";
    this.bstatetxt.Text = "";
    this.notetxt.Text = "";
}

private void checkbookbtn_Click(object sender, EventArgs e)
{
    if (this.notxt.Text == string.Empty)
    {
        MessageBox.Show("请输入图书的编号!", "提示!");
        return;
    }

    FillBook();
}

private void cancel_Click(object sender, EventArgs e)
{
    this.Close();
}

private void btnok_Click(object sender, EventArgs e)
{
    if (this.nametxt.Text == "")
    {
        MessageBox.Show("请点击放大镜获取图书信息!", "提示!");
        return;
    }
    if (this.bstatetxt.Text == "在库")
    {
        MessageBox.Show("本次挂失失败,该书并未借出!", "提示!");
        Clears();
```

```
            }
            else if (this.bstatetxt.Text == "借出")
            {
                string sql1 = string.Empty;
                sql1 += "update tb_book set bstate='挂失'";
                sql1 += " where bno='" + this.notxt.Text + "'";

                DataTable dt1 = DBHelp.ExeOleCommand(sql1);

                string sql2 = string.Empty;
                sql2 += "update tb_borrow set borstate='挂失'";
                sql2 += " where bno='" + this.notxt.Text + "' and borstate='未还'";

                DataTable dt2 = DBHelp.ExeOleCommand(sql2);

                FillBook();
                MessageBox.Show("挂失操作成功", "提示!");
            }
            else if (this.bstatetxt.Text == "挂失")
            {
                MessageBox.Show("本次挂失失败,挂失处理已经被执行过了!", "提示!");
                Clears();
            }
            else if (this.bstatetxt.Text == "丢失")
            {
                MessageBox.Show("本次挂失失败,该书已经确认丢失!", "提示!");
                Clears();
            }
        }
    }
```

7. 借阅历史查询

主要代码:

```
public partial class BorrowFrame : Form
    {
        public BorrowFrame()
        {
            InitializeComponent();
        }

        private void BorrowFrame_Load(object sender, EventArgs e)
        {
            this.boxcheck.SelectedIndex = 0;
            this.boxstate.SelectedIndex = 0;
        }
```

```
private void btncheck_Click(object sender, EventArgs e)
{
    Fill();
}
private void Fill()
{
    string sql = string.Empty;
    sql += "select borid as ID号,uacc as 用户账号,uname as 用户姓名,bno as 图书编号,bname as 图书名称,bisbn as ISBN号,brcost as 押金,bordate as 借书日期,retdate as 还书日期,borstate as 状态,brecorder as 借阅记录员 from tb_borrow";

    string m = this.boxcheck.SelectedIndex.ToString();
    string n = this.boxstate.SelectedIndex.ToString();

    if (this.txtcheck.Text.Trim()== "")
    {
        switch (n)
        {
            //case "0"://全部借阅信息
            case "1"://未还图书信息
                sql += " where borstate <> '已还'";
                break;
            case "2"://已还图书信息
                sql += " where borstate='已还'";
                break;
            case "3"://挂失图书信息
                sql += " where borstate='挂失'";
                break;
            case "4"://丢失图书信息
                sql += " where borstate='丢失'";
                break;
            default:
                break;
        }
}
else
{
    switch (m)
    {
        case "0"://用户账号
            sql += " where uacc like '%" + this.txtcheck.Text + "%'";
            break;
        case "1"://用户姓名
```

```
                sql += " where uname like '%" + this.txtcheck.Text + "%'";
                break;
            case "2"://图书编号
                sql += " where bno like '%" + this.txtcheck.Text + "%'";
                break;
            case "3"://图书名称
                sql += " where bname like '%" + this.txtcheck.Text + "%'";
                break;
            default:
                break;
        }

        switch (n)
        {
            case "1"://未还图书信息
                sql += " and borstate <> '已还'";
                break;
            case "2"://已还图书信息
                sql += " and borstate='已还'";
                break;
            case "3"://挂失图书信息
                sql += " and borstate='挂失'";
                break;
            case "4"://丢失图书信息
                sql += " and borstate='丢失'";
                break;
            default:
                break;
                    }
                }

        DataTable dt = DBHelp.ExeOleCommand(sql);
        this.dataGridView1.DataSource = dt;
    }

    private void cancel_Click(object sender, EventArgs e)
    {
        this.Close();
    }
    private void cell_click(object sender, DataGridViewCellEventArgs e)
    {
        //用户信息
        this.txtuacc.Text = this.dataGridView1[1,
this.dataGridView1.CurrentCell.RowIndex].Value.ToString().Trim();
```

```
            this.txtuname.Text = this.dataGridView1[2,
this.dataGridView1.CurrentCell.RowIndex].Value.ToString().Trim();

            string sql1 = string.Empty;
            sql1 += "select usex,upart,uright from tb_user";
            sql1 += " where uacc='" + this.txtuacc.Text + "'";
            OleDbDataReader dr1 = DBHelp.OleReader(sql1);
            dr1.Read();
            if (dr1.HasRows)
            {
                this.txtusex.Text = dr1["usex"].ToString().Trim();
                this.txtupart.Text = dr1["upart"].ToString().Trim();
                this.txturight.Text = dr1["uright"].ToString().Trim();
            }

            string sql2 = string.Empty;//未还图书
            sql2 += "select count( * )as bornum from tb_borrow";
            sql2 += " where uacc='" + this.txtuacc.Text + "'";
            sql2 += " and borstate <> '已还' and borstate <> '丢失'";
            OleDbDataReader dr2 = DBHelp.OleReader(sql2);
            dr2.Read();
            if (dr2.HasRows)
            {
                this.txtnoret.Text = dr2["bornum"].ToString().Trim();
            }

            string sql3 = string.Empty;//遗失图书
            sql3 += "select count( * )as bornum from tb_borrow";
            sql3 += " where uacc='" + this.txtuacc.Text + "'";
            sql3 += " and borstate='丢失'";
            OleDbDataReader dr3 = DBHelp.OleReader(sql3);
            dr3.Read();
            if (dr3.HasRows)
            {
                this.txtlost.Text = dr3["bornum"].ToString().Trim();
            }

            string maxdate;//最大权限
            string sql4 = string.Empty;
            sql4 += "select maxdate from tb_right";
            sql4 += " where uright='" + this.txturight.Text + "'";
            OleDbDataReader dr4 = DBHelp.OleReader(sql4);
            dr4.Read();
            //if (dr4.HasRows)
```

```
//{
maxdate = dr4["maxdate"].ToString().Trim();
//return maxdate;
//}

int max = Convert.ToInt32(maxdate);
string sql5 = string.Empty;//到期图书
sql5 = sql2;
sql5 += " and bordate<#" + DateTime.Now.AddDays(-max)+ "#";
OleDbDataReader dr5 = DBHelp.OleReader(sql5);
dr5.Read();
if (dr5.HasRows)
{
    this.txtouttime.Text = dr5["bornum"].ToString().Trim();
}

//图书信息
this.txtbno.Text = this.dataGridView1[3,
this.dataGridView1.CurrentCell.RowIndex].Value.ToString().Trim();
this.txtbname.Text = this.dataGridView1[4,
this.dataGridView1.CurrentCell.RowIndex].Value.ToString().Trim();

string sql6 = string.Empty;//图书信息
sql6 += "select bclass,bisbn,bcost,bauthor,bpub from tb_book";
sql6 += " where bno='" + this.txtbno.Text + "'";
OleDbDataReader dr6 = DBHelp.OleReader(sql6);
dr6.Read();
if (dr6.HasRows)
{
    this.txtbclass.Text = dr6["bclass"].ToString().Trim();
    this.txtbisbn.Text = dr6["bisbn"].ToString().Trim();
    this.txtbcost.Text = dr6["bcost"].ToString().Trim();
    this.txtbauthor.Text = dr6["bauthor"].ToString().Trim();
    this.txtbpub.Text = dr6["bpub"].ToString().Trim();
    //this.txtbstate.Text=dr6["bstate"].ToString().Trim();
}

string sql7 = string.Empty;//图书状态
sql7 += "select borstate from tb_borrow";
sql7 += " where bno='" + this.txtbno.Text + "'";
OleDbDataReader dr7 = DBHelp.OleReader(sql7);
dr7.Read();
if (dr7.HasRows)
{
```

```
                this.txtbstate.Text = dr7["borstate"].ToString().Trim();
            }
        }
```

8. 借阅管理

主要代码：

```
public partial class BookBorrow : Form
    {
        public BookBorrow()
        {
            InitializeComponent();
        }

        private void FillUser()
        {
            string sql = string.Empty;
            sql += "select * from tb_user where uacc='" + this.useracctxt.Text + "'";
            OleDbDataReader dr = DBHelp.OleReader(sql);
            dr.Read();

            if (dr.HasRows)
            {
                this.usernametxt.Text = dr["uname"].ToString().Trim();
                this.sextxt.Text = dr["usex"].ToString().Trim();
                this.parttxt.Text = dr["upart"].ToString().Trim();
                this.telphonetxt.Text = dr["utelphone"].ToString().Trim();
                this.phonetxt.Text = dr["uphone"].ToString().Trim();
                this.txtright.Text = dr["uright"].ToString().Trim();

                string sql1 = string.Empty;//已借图书数量
                sql1 += "select count(*)as bornum from tb_borrow";
                sql1 += " where uacc='" + this.useracctxt.Text + "'";
                sql1 += " and borstate <> '已还' and borstate <> '丢失'";
                OleDbDataReader dr1 = DBHelp.OleReader(sql1);
                dr1.Read();

                this.havnumtxt.Text = dr1["bornum"].ToString().Trim();

                string sql2 = string.Empty;//最大借阅权限
                sql2 += "select maxbook,maxdate,rcost from tb_right";
                sql2 += " where uright='" + this.txtright.Text + "'";

                OleDbDataReader dr2 = DBHelp.OleReader(sql2);
                dr2.Read();
```

```
            if (dr2.HasRows)
            {
                this.txtmaxbook.Text = dr2["maxbook"].ToString().Trim();
                this.txtmaxdate.Text = dr2["maxdate"].ToString().Trim();
                this.labcost.Text = dr2["rcost"].ToString().Trim();
            }

            //string sql3 = string.Empty;//到期图书数量
            //DateTime.Now.AddDays(-30)>//当前日期减去借书期限大于借书日期,即为逾期
            int a = Convert.ToInt32(this.txtmaxdate.Text);
            string sql3 = string.Empty;//到期图书数量
            sql3 = sql1;
            sql3 += " and bordate<#" + DateTime.Now.AddDays(-a)+ "#";
            OleDbDataReader dr3 = DBHelp.OleReader(sql3);
            dr3.Read();

            this.canrettxt.Text = dr3["bornum"].ToString().Trim();
        }
        else
        {
            MessageBox.Show("未找到该用户或账号错误!","提示!");

            this.usernametxt.Text = "";
            this.sextxt.Text = "";
            this.parttxt.Text = "";
            this.telphonetxt.Text = "";
            this.phonetxt.Text = "";
            this.txtright.Text = "";
            this.havnumtxt.Text = "";
            this.txtmaxbook.Text = "";
            this.txtmaxdate.Text = "";
            this.canrettxt.Text = "";
        }
    }

    private void FillBook()
    {
        string sql = string.Empty;
        sql += "select bid as ID号, bno as 图书编号, bname as 图书名称,bauthor as 作者, bclass as 类别, bisbn as ISBN号, bcost as 价格,bpub as 出版社, adder as 记录员, adddate as 入库日期,bnote as 内容简介,bstate as 状态 from tb_book";
        sql += " where bno='" + this.notxt.Text +"'";
        sql += " and bstate='在库'";
```

```
DataTable dt = DBHelp.ExeOleCommand(sql);
this.dataGridView1.DataSource = dt;

string s = string.Empty;
s += "select * from tb_book";
s += " where bno='" + this.notxt.Text + "'";
s += " and bstate='在库'";

OleDbDataReader dr = DBHelp.OleReader(s);
dr.Read();

if (dr.HasRows)
{
    this.nametxt.Text = dr["bname"].ToString().Trim();
    this.classtxt.Text = dr["bclass"].ToString().Trim();
    this.isbntxt.Text = dr["bisbn"].ToString().Trim();
    this.costtxt.Text = dr["bcost"].ToString().Trim();
    this.writertxt.Text = dr["bauthor"].ToString().Trim();
    this.pubtxt.Text = dr["bpub"].ToString().Trim();
    this.addertxt.Text = dr["adder"].ToString().Trim();
    this.adddatetxt.Text = dr["adddate"].ToString().Trim();
    this.bstatetxt.Text = dr["bstate"].ToString().Trim();
    this.notetxt.Text = dr["bnote"].ToString().Trim();

    string sql1 = string.Empty;//库存总数
    sql1 += "select count(*)as bnum from tb_book";
    sql1 += " where bisbn='" + this.isbntxt.Text + "'";
    sql1 += " and bstate <> '丢失'";
    OleDbDataReader dr1 = DBHelp.OleReader(sql1);
    dr1.Read();

    string sql2 = string.Empty;//可借数目
    sql2 += "select count(*)as bnum from tb_book";
    sql2 += " where bisbn='" + this.isbntxt.Text + "'";
    sql2 += " and bstate='在库'";
    OleDbDataReader dr2 = DBHelp.OleReader(sql2);
    dr2.Read();

    this.numtxt.Text = dr1["bnum"].ToString().Trim();
    this.cannumtxt.Text = dr2["bnum"].ToString().Trim();
}
else
{
    MessageBox.Show("未找到该书或该书已借出!", "提示!");
```

```
            this.nametxt.Text = "";
            this.classtxt.Text = "";
            this.isbntxt.Text = "";
            this.costtxt.Text = "";
            this.writertxt.Text = "";
            this.pubtxt.Text = "";
            this.addertxt.Text = "";
            this.adddatetxt.Text = "";
            this.bstatetxt.Text = "";
            this.notetxt.Text = "";
            this.numtxt.Text = "";
            this.cannumtxt.Text = "";
        }
    }

    private void checkbtn_Click(object sender, EventArgs e)
    {
        if (this.useracctxt.Text == string.Empty)
        {
            MessageBox.Show("请输入用户的账号!","提示!");
            return;
        }

        FillUser();
    }

    private void checkbookbtn_Click(object sender, EventArgs e)
    {
        if (this.notxt.Text == string.Empty)
        {
            MessageBox.Show("请输入图书的编号!","提示!");
            return;
        }

        FillBook();
    }

    private void cancel_Click(object sender, EventArgs e)
    {
        this.Close();
    }

    private void borrowbtn_Click(object sender, EventArgs e)
```

```
{
    if (this.usernametxt.Text == string.Empty || this.nametxt.Text == string.Empty)
    {
        MessageBox.Show("请选择用户或图书!","提示!");
        return;
    }

    DialogResult result;
    result=MessageBox.Show("确认借阅本书?","借书提示!",MessageBoxButtons.YesNo);
    if (result == DialogResult.Yes)
    {
        //验证用户的借阅权限
        int a = Convert.ToInt32(this.havnumtxt.Text);
        int b = Convert.ToInt32(this.txtmaxbook.Text);
        int c = Convert.ToInt32(this.canrettxt.Text);

        if (a >= b)
        {
            MessageBox.Show("对不起! 该用户最多可借" + this.txtmaxbook.Text + "本书!",
"提示!");
            return;
        }

        if (c > 0)
        {
            MessageBox.Show("对不起! 该用户有" + this.canrettxt.Text + "本书超期未还!",
"提示!");
            return;
        }

        string strx = string.Empty;
        strx += "select count(*)as num from tb_borrow";
        strx += " where uacc='"+this.useracctxt.Text+"' and borstate='挂失'";
        OleDbDataReader dx = DBHelp.OleReader(strx);
        dx.Read();

        string nx = dx["num"].ToString().Trim();
        int xx = Convert.ToInt32(nx);
        if (xx > 0)
        {
            MessageBox.Show("对不起! 该用户有" + nx + "本书挂失未还!", "提示!");
            return;
        }
        //
```

```
            string sql = string.Empty;
            sql += "select * from tb_book where bno='" + this.notxt.Text + "' and bstate='在库'";

            DataTable dt = DBHelp.ExeOleCommand(sql);

            bool x = false;
            while (dt.Rows.Count ! = 0)
            {
                x = true;
                break;
            }

            if (x)
            {
                string sql1 = string.Empty;
            sql1 += "update tb_book set bstate='借出' where bno='" + this.notxt.Text + "' and
bname='" + this.nametxt.Text + "'";

                string sql2 = string.Empty;
                sql2 += "insert into
tb_borrow(uacc,uname,bno,bname,bisbn,brcost,bordate,retdate,borstate,brecorder)";
                sql2 += " values('" + this.useracctxt.Text + "','" + this.usernametxt.Text + "','"
+ this.notxt.Text + "','" + this.nametxt.Text + "','"+this.isbntxt.Text+"','"+this.labcost.Text+"','" +
DateTime.Now.ToString()+ "',null,'未还','" + LoginForm.uname + "')";

                DataTable dt1 = DBHelp.ExeOleCommand(sql1);
                DataTable dt2 = DBHelp.ExeOleCommand(sql2);

                MessageBox.Show("借书成功! 请付押金"+this.labcost.Text+"元", "恭喜!");

                FillUser();
                //FillBook();
                this.nametxt.Text = "";
                this.classtxt.Text = "";
                this.isbntxt.Text = "";
                this.costtxt.Text = "";
                this.writertxt.Text = "";
                this.pubtxt.Text = "";
                this.addertxt.Text = "";
                this.adddatetxt.Text = "";
                this.bstatetxt.Text = "";
                this.notetxt.Text = "";
                this.numtxt.Text = "";
```

```
                this.cannumtxt.Text = "";
            }
            else
            {
                MessageBox.Show("未找到该书或该书已借出!", "提示!");
                this.nametxt.Text = "";
                this.classtxt.Text = "";
                this.isbntxt.Text = "";
                this.costtxt.Text = "";
                this.writertxt.Text = "";
                this.pubtxt.Text = "";
                this.addertxt.Text = "";
                this.adddatetxt.Text = "";
                this.bstatetxt.Text = "";
                this.notetxt.Text = "";
                this.numtxt.Text = "";
                this.cannumtxt.Text = "";
            }
        }
    }
    private void nowborrow_Click(object sender, EventArgs e)
    {
        string sql = string.Empty;
        sql += "select borid as 借阅编号,uacc as 用户账号,uname as 用户姓名,bno as 图书编号,
bname as 图书名称,bisbn as ISBN 号,brcost as 押金,bordate as 借书日期,borstate as 状态,brecorder as 记录
员 from tb_borrow";
        sql += " where borstate <> '已还'";

        DataTable dt = DBHelp.ExeOleCommand(sql);
        this.dataGridView1.DataSource = dt;
    }
```

9. 还书处理

主要代码:

```
public partial class BookReturn : Form
  {
    public BookReturn()
    {
        InitializeComponent();
    }

    private void BookReturn_Load(object sender, EventArgs e)
    {
        this.boxcheck.SelectedIndex = 0;
        this.boxstate.SelectedIndex = 0;
```

```
        }

        private void btncheck_Click(object sender, EventArgs e)
        {
            Fill();
        }

        private void cell_click(object sender, DataGridViewCellEventArgs e)
        {
            //用户信息
            this.txtuacc.Text = this.dataGridView1[1,
this.dataGridView1.CurrentCell.RowIndex].Value.ToString().Trim();
            this.txtuname.Text = this.dataGridView1[2,
this.dataGridView1.CurrentCell.RowIndex].Value.ToString().Trim();

            string sql1 = string.Empty;
            sql1 += "select usex,upart,uright from tb_user";
            sql1 += " where uacc='"+this.txtuacc.Text+"'";
            OleDbDataReader dr1 = DBHelp.OleReader(sql1);
            dr1.Read();
            if (dr1.HasRows)
            {
                this.txtusex.Text = dr1["usex"].ToString().Trim();
                this.txtupart.Text = dr1["upart"].ToString().Trim();
                this.txturight.Text = dr1["uright"].ToString().Trim();
            }

            string sql2 = string.Empty;//未还图书
            sql2 += "select count(*)as bornum from tb_borrow";
            sql2 += " where uacc='"+this.txtuacc.Text+"'";
            sql2 += " and borstate <> '已还' and borstate <> '丢失'";
            OleDbDataReader dr2 = DBHelp.OleReader(sql2);
            dr2.Read();
            if (dr2.HasRows)
            {
                this.txtnoret.Text = dr2["bornum"].ToString().Trim();
            }
            string sql3 = string.Empty;//遗失图书
            sql3 += "select count(*)as bornum from tb_borrow";
            sql3 += " where uacc='" + this.txtuacc.Text + "'";
            sql3 += " and borstate='丢失'";
            OleDbDataReader dr3 = DBHelp.OleReader(sql3);
            dr3.Read();
            if (dr3.HasRows)
```

```
    {
        this.txtlost.Text = dr3["bornum"].ToString().Trim();
    }

    string maxdate;//最大权限
    string sql4 = string.Empty;
    sql4 += "select maxdate from tb_right";
    sql4 += " where uright='"+this.txturight.Text+"'";
    OleDbDataReader dr4 = DBHelp.OleReader(sql4);
    dr4.Read();
    //if (dr4.HasRows)
    //{
        maxdate = dr4["maxdate"].ToString().Trim();
        //return maxdate;
    //}

    int max = Convert.ToInt32(maxdate);
    string sql5 = string.Empty;//到期图书
    sql5 = sql2;
    sql5 += " and bordate<#" + DateTime.Now.AddDays(-max)+ "#";
    OleDbDataReader dr5 = DBHelp.OleReader(sql5);
    dr5.Read();
    if (dr5.HasRows)
    {
        this.txtouttime.Text = dr5["bornum"].ToString().Trim();
    }

    //图书信息
    this.txtbno.Text = this.dataGridView1[3,
this.dataGridView1.CurrentCell.RowIndex].Value.ToString().Trim();
    this.txtbname.Text = this.dataGridView1[4,
this.dataGridView1.CurrentCell.RowIndex].Value.ToString().Trim();

    string sql6 = string.Empty;//图书信息
    sql6 += "select bclass,bisbn,bcost,bauthor,bpub from tb_book";
    sql6 += " where bno='"+this.txtbno.Text+"'";
    OleDbDataReader dr6 = DBHelp.OleReader(sql6);
    dr6.Read();
    if (dr6.HasRows)
    {
        this.txtbclass.Text=dr6["bclass"].ToString().Trim();
        this.txtbisbn.Text = dr6["bisbn"].ToString().Trim();
        this.txtbcost.Text=dr6["bcost"].ToString().Trim();
        this.txtbauthor.Text=dr6["bauthor"].ToString().Trim();
```

```
        this.txtbpub.Text=dr6["bpub"].ToString().Trim();
        //this.txtbstate.Text=dr6["bstate"].ToString().Trim();
    }

    string sql7 = string.Empty;//图书状态
    sql7 += "select borstate from tb_borrow";
    sql7 += " where bno='" + this.txtbno.Text + "'";
    OleDbDataReader dr7 = DBHelp.OleReader(sql7);
    dr7.Read();
    if (dr7.HasRows)
    {
        this.txtbstate.Text=dr7["borstate"].ToString().Trim();
    }
}

private void btnreturn_Click(object sender, EventArgs e)
{
    if (this.txtuacc.Text == string.Empty)
    {
        MessageBox.Show("请选择用户!","提示!");
        return;
    }

    if (this.txtbno.Text == string.Empty)
    {
        MessageBox.Show("请选择图书!","提示!");
        return;
    }

    DialogResult result;
    result=MessageBox.Show("确认归还本书?", "还书提示!", MessageBoxButtons.YesNo);
    if (result == DialogResult.Yes)
    {
        string sql = string.Empty;
        sql += "select * from tb_borrow";
        sql += " where bno='" + this.txtbno.Text + "' and borstate='已还'";
        DataTable dt = DBHelp.ExeOleCommand(sql);

        bool b = false;
        while (dt.Rows.Count == 0)
        {
            b = true;
            break;
        }
```

```
if (b)
{
    string str1 = string.Empty;//验证是否逾期
    str1 += "select maxdate,rfine from tb_right";
    str1 += " where uright='"+this.txturight.Text+"'";
    OleDbDataReader dr1 = DBHelp.OleReader(str1);
    dr1.Read();
    string max = dr1["maxdate"].ToString().Trim();
    int m = Convert.ToInt32(max);//最大借阅期限

    string str2 = string.Empty;
    str2 += "select bordate from tb_borrow";
    str2 += " where bno='" + this.txtbno.Text + "' and borstate <> '已还'";
    OleDbDataReader dr2 = DBHelp.OleReader(str2);
    dr2.Read();
    string date = dr2["bordate"].ToString().Trim();
    DateTime n = Convert.ToDateTime(date);//借书日期

    if (DateTime.Now.AddDays(-m)> n)
    {
        DateTime d1 = new DateTime();
        d1 = DateTime.Now;
        DateTime d2 = n;
        TimeSpan ts = new TimeSpan(d1.Ticks-d2.Ticks);
        string day = Convert.ToString(ts.Days);//逾期天数

        this.txtoutday.Text = day;
        this.txtoutcost.Text = dr1["rfine"].ToString().Trim();

        double x = Convert.ToDouble(this.txtoutday.Text);
        double y = Convert.ToDouble(this.txtoutcost.Text);
        double z = x * y;

        this.txtpcost.Text = Convert.ToString(z);

        MessageBox.Show("该书已超期,请按超期信息缴费!","提示!");
        ReturnBook();
    }
    else
    {
        ReturnBook();
    }
}
else
```

```
            {
                MessageBox.Show("还书失败,该书在库中!", "提示!");
            }
        }
    }

    private void ReturnBook()
    {
        string str = string.Empty;
        str += "select brcost from tb_borrow";
        str += " where bno='" + this.txtbno.Text + "' and borstate <> '已还'";
        OleDbDataReader dr = DBHelp.OleReader(str);
        dr.Read();

        string xx = dr["brcost"].ToString().Trim();

        string sql1 = string.Empty;
        sql1 += "update tb_borrow set retdate='" + DateTime.Now.ToString() + "',borstate='已还
'";
        sql1 += " where bno='" + this.txtbno.Text + "' and uacc='" + this.txtuacc.Text + "'";

        string sql2 = string.Empty;
        sql2 += "update tb_book set bstate='在库'";
        sql2 += " where bno='" + this.txtbno.Text + "'";

        DataTable dt1 = DBHelp.ExeOleCommand(sql1);
        DataTable dt2 = DBHelp.ExeOleCommand(sql2);

        MessageBox.Show("还书成功! 归还您的押金"+xx+"元", "恭喜!");

        Fill();

        string sql3 = string.Empty;//未还图书
        sql3 += "select count(*)as bornum from tb_borrow";
        sql3 += " where uacc='" + this.txtuacc.Text + "'";
        sql3 += " and borstate <> '已还'";
        OleDbDataReader dr3 = DBHelp.OleReader(sql3);
        dr3.Read();
        if (dr3.HasRows)
        {
            this.txtnoret.Text = dr3["bornum"].ToString().Trim();
        }

        string sql7 = string.Empty;//图书状态
```

```
        sql7 += "select borstate from tb_borrow";
        sql7 += " where bno='" + this.txtbno.Text + "'";
        OleDbDataReader dr7 = DBHelp.OleReader(sql7);
        dr7.Read();
        if (dr7.HasRows)
        {
            this.txtbstate.Text = dr7["borstate"].ToString().Trim();
        }
    }

    private void Fill()
    {
        string sql = string.Empty;
        sql += "select borid as ID号,uacc as 用户账号,uname as 用户姓名,bno as 图书编号,bname
as 图书名称,bisbn as ISBN号,brcost as 押金,bordate as 借书日期,retdate as 还书日期,borstate as 状态,
brecorder as 借阅记录员 from tb_borrow";

        string m = this.boxcheck.SelectedIndex.ToString();
        string n = this.boxstate.SelectedIndex.ToString();

        if (this.txtcheck.Text.Trim() == "")
        {
            switch (n)
            {
                //case "0"://全部借阅信息
                case "1"://未还图书信息
                    sql += " where borstate <> '已还'";
                    break;
                case "2"://已还图书信息
                    sql += " where borstate='已还'";
                    break;
                case "3"://挂失图书信息
                    sql += " where borstate='挂失'";
                    break;
                case "4"://丢失图书信息
                    sql += " where borstate='丢失'";
                    break;
                default:
                    break;
            }
        }
        else
        {
            switch (m)
```

```
                {
                    case "0"://用户账号
                        sql += " where uacc like '%" + this.txtcheck.Text + "%'";
                        break;
                    case "1"://用户姓名
                        sql += " where uname like '%" + this.txtcheck.Text + "%'";
                        break;
                    case "2"://图书编号
                        sql += " where bno like '%" + this.txtcheck.Text + "%'";
                        break;
                    case "3"://图书名称
                        sql += " where bname like '%" + this.txtcheck.Text + "%'";
                        break;
                    default:
                        break;
                }

                switch (n)
                {
                    case "1"://未还图书信息
                        sql += " and borstate <> '已还'";
                        break;
                    case "2"://已还图书信息
                        sql += " and borstate='已还'";
                        break;
                    case "3"://挂失图书信息
                        sql += " and borstate='挂失'";
                        break;
                    case "4"://丢失图书信息
                        sql += " and borstate='丢失'";
                        break;
                    default:
                        break;
                }
            }
            DataTable dt = DBHelp.ExeOleCommand(sql);
            this.dataGridView1.DataSource = dt;
        }

        private void cancel_Click(object sender, EventArgs e)
        {
            this.boxcheck.SelectedIndex = 0;
            this.boxstate.SelectedIndex = 0;
            this.txtcheck.Text = "";
```

```
    }
}
```

(十)系统测试——黑盒及白盒测试

> 作业 10
>
> 针对某段程序代码以及功能模块,分别采用黑盒及白盒技术进行测试,写出测试用例

1. 白盒测试

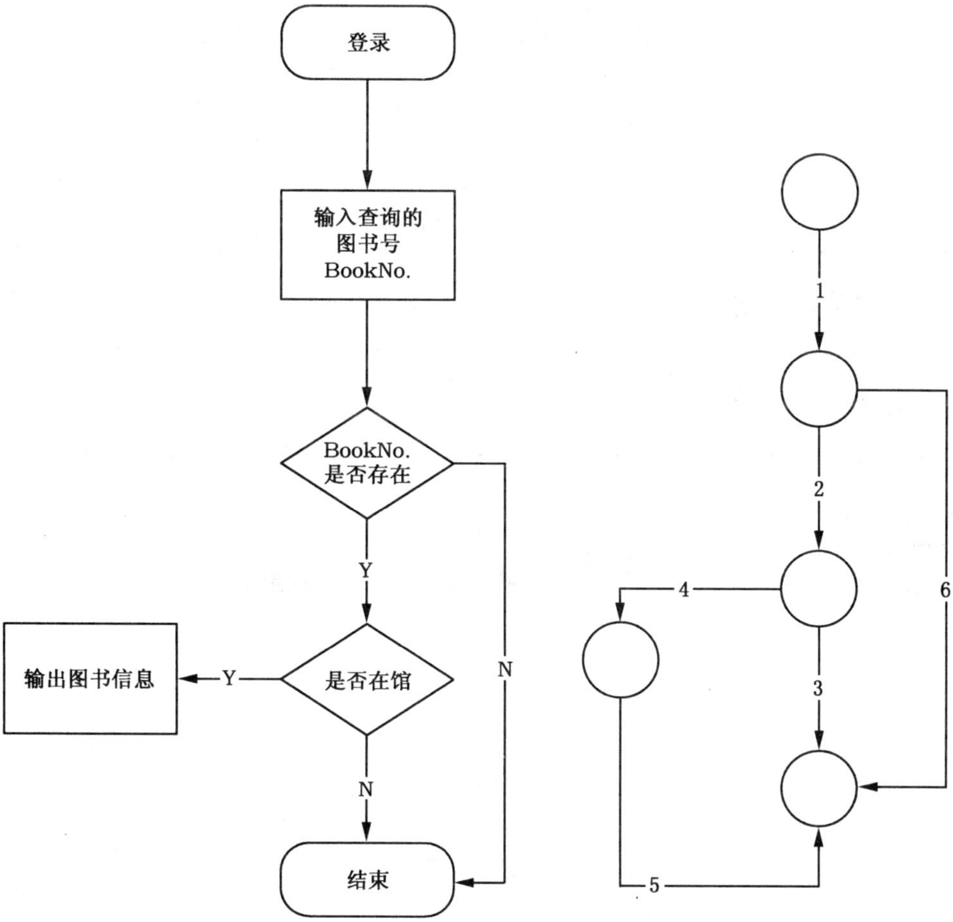

环形复杂度:2+1=3

路径覆盖测试法

编号	测试路径	输入条件	预期输出
1	0—1—6	BookNo.不存在	要查的书不存在
2	0—1—2—3	BookNo.存在,onshelf=1	要查的书已被借走
3	0—1—2—4—5	BookNo.存在,onshelf=0	返回查找的图书信息

2. 黑盒测试

输入条件	有效等价类	编号	无效等价类	编号
用户名开头	a—z	1	非字母	4
余下字符	数字+字母	2	非数字和字母	5
字符数	小于10	3	大于10	6

测试用例

编号	开头	余下字符	个数	预期输出	等价类覆盖
T1	a	dd11111	8	add11111	1,2,3
T2	2	dd11111	8	输出错误	2,3,4
T3	a	***	5	输出错误	1,3,5
T4	a	123456789a	11	输出错误	1,2,6

(十一)课堂演示(可选)

作业 11

学期结束时,在课堂对所设计的系统进行演示

实验总结

经过本软件项目的开发实践,你遇到了哪些问题,是如何解决的?有何收获与体会?

实验 8——面向对象开发综合实验

实验目的

- 掌握面向对象信息系统开发的基本过程与方法。
- 了解面向对象系统分析、设计、实现阶段所需要完成的任务。
- 掌握统一建模语言的使用。
- 掌握和运用 CASE 工具进行辅助开发。

实验要求

- 绘制系统用例图，完成用例说明。
- 建立概念模型。
- 完成顺序图和交互图。
- 完成数据库设计和类图设计。
- 完成界面设计并提交系统原型。
- 提交系统程序代码。
- 进行系统演示。

实验环境

- Windows 2000 操作系统。
- PowerDesigner11.0。
- Rational Rose。
- SQL SERVER；ACCESS。
- JSP、ASP 等。
- IIS、TOMCAT 等。

实验内容

自行选择信息系统项目，采用面向对象方法完成整个系统的开发，并完成以下实验任务：

作业 1

需求分析——用例和用例说明

【作业要求】

完成用例图和每个用例的用例说明。

作业 2

领域分析——建立概念模型

【作业要求】

建立图书管理系统的概念模型，绘制类图，并说明建模类之间的关系。

作业 3

行为分析——顺序图

【作业要求】

建立系统的行为模型，构建“借阅图书”和“图书信息修改”等工作流的顺序图。

作业 4

交互分析——协作图

【作业要求】

建立系统的行为模型，构建主要对象之间交互的协作图。

作业 5

系统设计——设计类图

【作业要求】

根据销售点系统的协作图，绘制类图，添加属性、方法和关联。

作业 6

数据库设计——数据表

【作业要求】

根据实体类与关系数据库之间的映射关系，将实体类 UML 类图中的实体类转换为关系数据库中的库表。

作业 7

界面设计——交互界面

【作业要求】

设计该系统所涉及的主要图形用户界面。

作业 8

代码设计

【作业要求】

对主要数据进行代码设计。

作业 9

系统实现——Java 程序

【作业要求】

完成系统设计到 Java 程序代码的转换，列出主要程序代码。

作业 10

课堂演示

【作业要求】

学期结束时，在课堂上对所设计的系统进行演示。

实验总结

经过本软件项目的开发实践，你遇到哪些问题，是如何解决的？有何收获与体会？

第五章

创新性实验

实验 9——逆向工程实验

实验目的

正确运用先导课程所学知识，建立模拟工作环境。安装应用服务器、软件开发工具以及数据库系统，学会正确配置开发环境，为下一步软件开发做好准备。

学会采用逆向工程(Reverse Engineering)的系统开发思路，即结合已有的开发成果，通过分析来推导出具体的实现方法，包括软件功能、源代码、系统设计等，并在此基础上了解软件开发思路，从而对系统做进一步改进。

实验要求

- 完成应用服务器安装与配置。
- 完成 JDK 安装与配置。
- 完成数据库安装。
- 进行运行环境测试。

实验环境

- Window 2007 操作系统。
- Web 服务器：Apache ＋Tomcat。
- 数据库：MYSQL。

实验准备

从光盘下载“软件工程课程设计项目”的源代码，db_eshop.sql，navicat for mysql10.0.11。

示例实验

一、运行环境配置

(一)完成 JDK 安装与配置

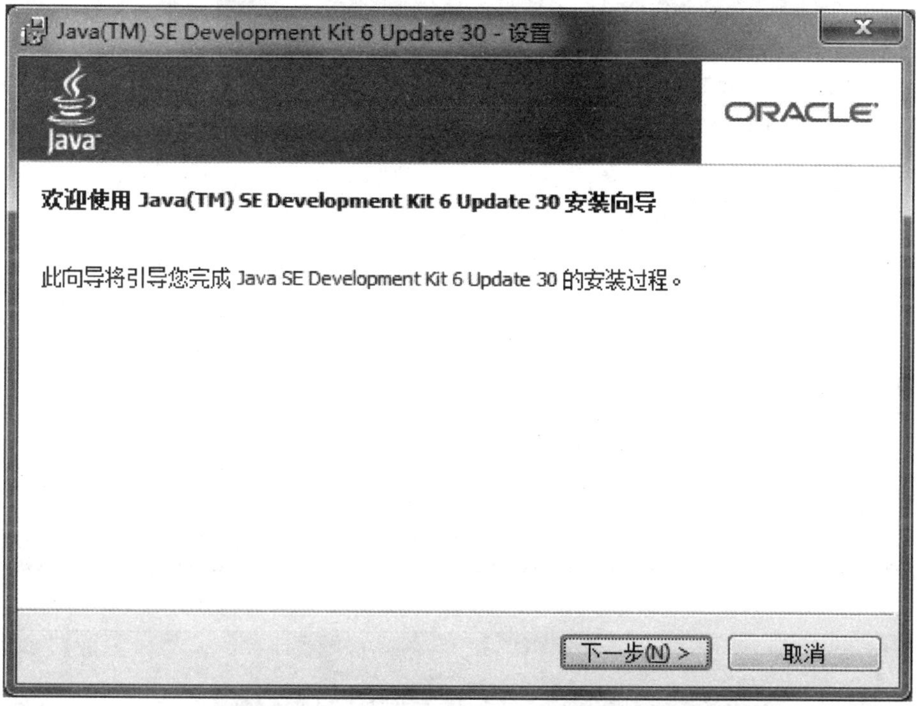

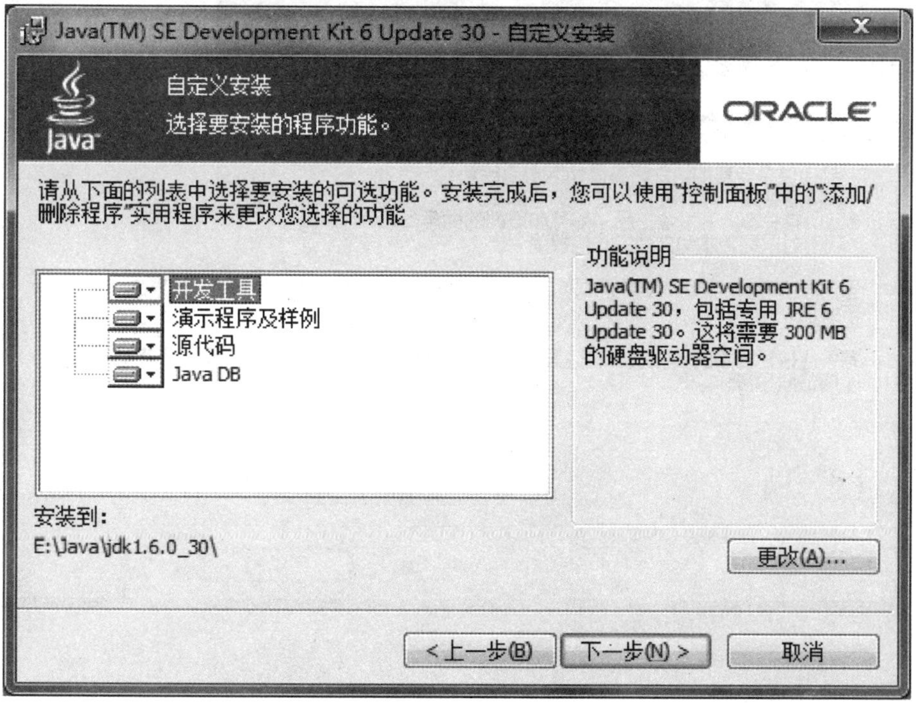

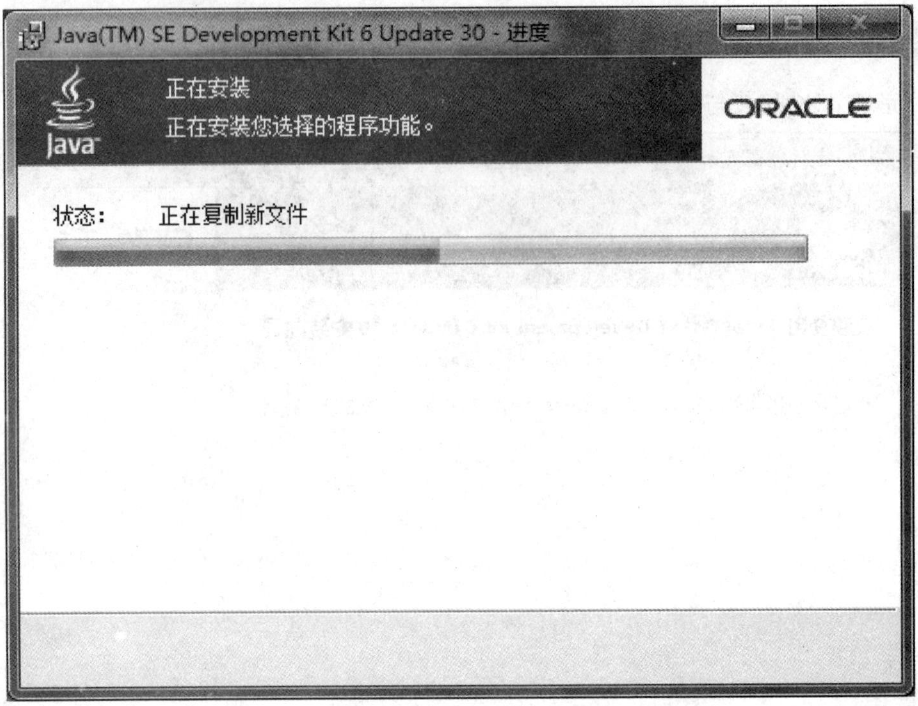
Java(TM) SE Development Kit 6 Update 30 - 进度
正在安装
正在安装您选择的程序功能。
ORACLE
Java
状态：正在复制新文件

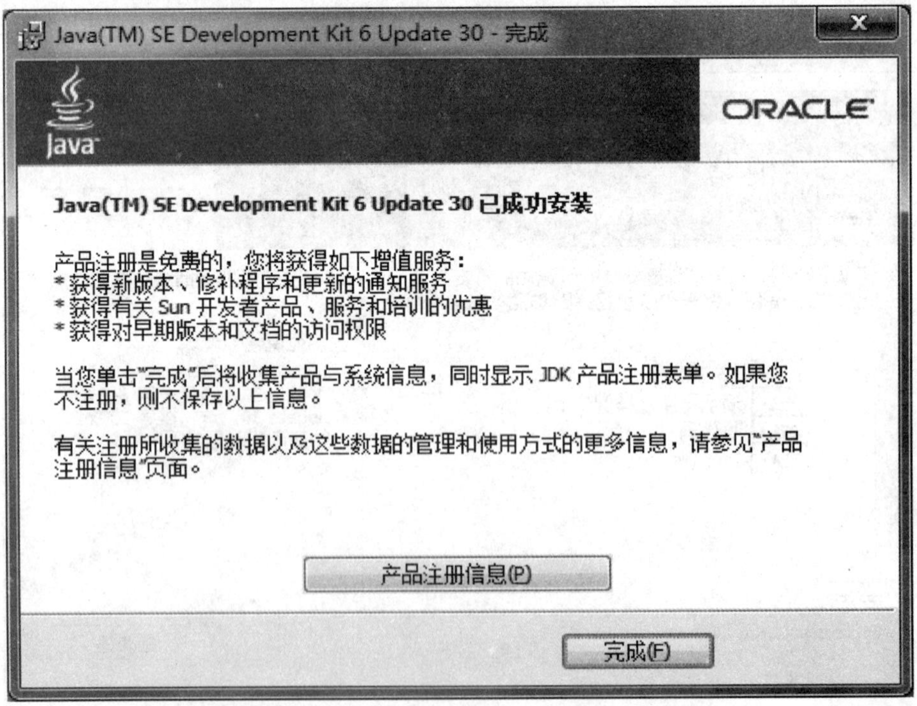
Java(TM) SE Development Kit 6 Update 30 - 完成
ORACLE
Java
Java(TM) SE Development Kit 6 Update 30 已成功安装
产品注册是免费的，您将获得如下增值服务：
* 获得新版本、修补程序和更新的通知服务
* 获得有关 Sun 开发者产品、服务和培训的优惠
* 获得对早期版本和文档的访问权限
当您单击"完成"后将收集产品与系统信息，同时显示 JDK 产品注册表单。如果您不注册，则不保存以上信息。
有关注册所收集的数据以及这些数据的管理和使用方式的更多信息，请参见"产品注册信息"页面。
产品注册信息(P)
完成(F)

(二)配置环境变量

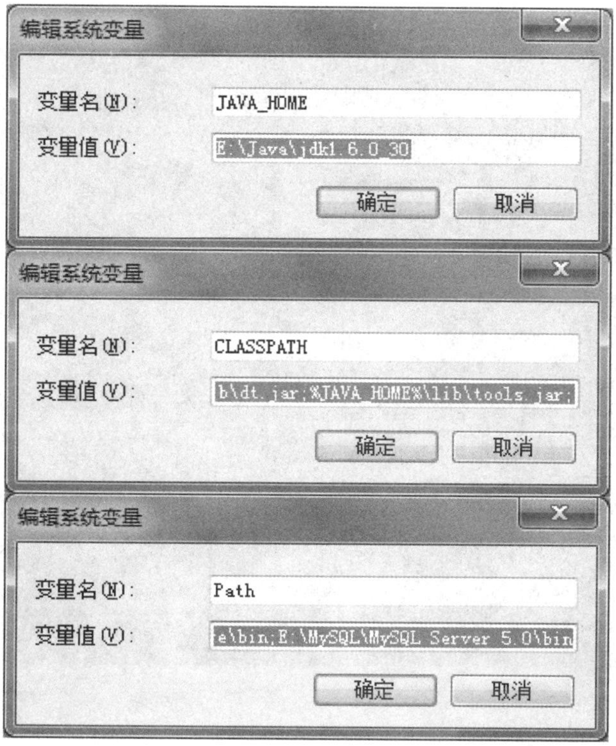

(三)测试 JDK 环境

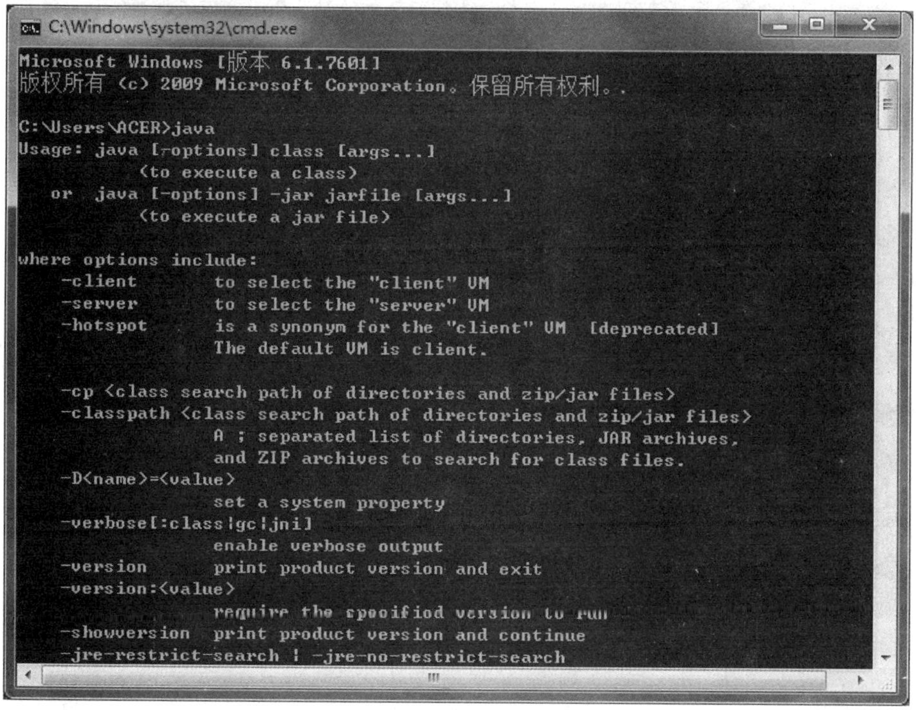

C:\Windows\system32\cmd.exe
C:\Users\ACER>javac
用法：javac <选项> <源文件>
其中，可能的选项包括：
-g 生成所有调试信息
-g:none 不生成任何调试信息
-g:{lines,vars,source} 只生成某些调试信息
-nowarn 不生成任何警告
-verbose 输出有关编译器正在执行的操作的消息
-deprecation 输出使用已过时的 API 的源位置
-classpath <路径> 指定查找用户类文件和注释处理程序的位置
-cp <路径> 指定查找用户类文件和注释处理程序的位置
-sourcepath <路径> 指定查找输入源文件的位置
-bootclasspath <路径> 覆盖引导类文件的位置
-extdirs <目录> 覆盖安装的扩展目录的位置
-endorseddirs <目录> 覆盖签名的标准路径的位置
-proc:{none,only} 控制是否执行注释处理和/或编译。
-processor <class1>[,<class2>,<class3>...]要运行的注释处理程序的名称；绕过默认的搜索进程
-processorpath <路径> 指定查找注释处理程序的位置
-d <目录> 指定存放生成的类文件的位置
-s <目录> 指定存放生成的源文件的位置
-implicit:{none,class} 指定是否为隐式引用文件生成类文件
-encoding <编码> 指定源文件使用的字符编码
-source <版本> 提供与指定版本的源兼容性
-target <版本> 生成特定 VM 版本的类文件
-version 版本信息
-help 输出标准选项的提要

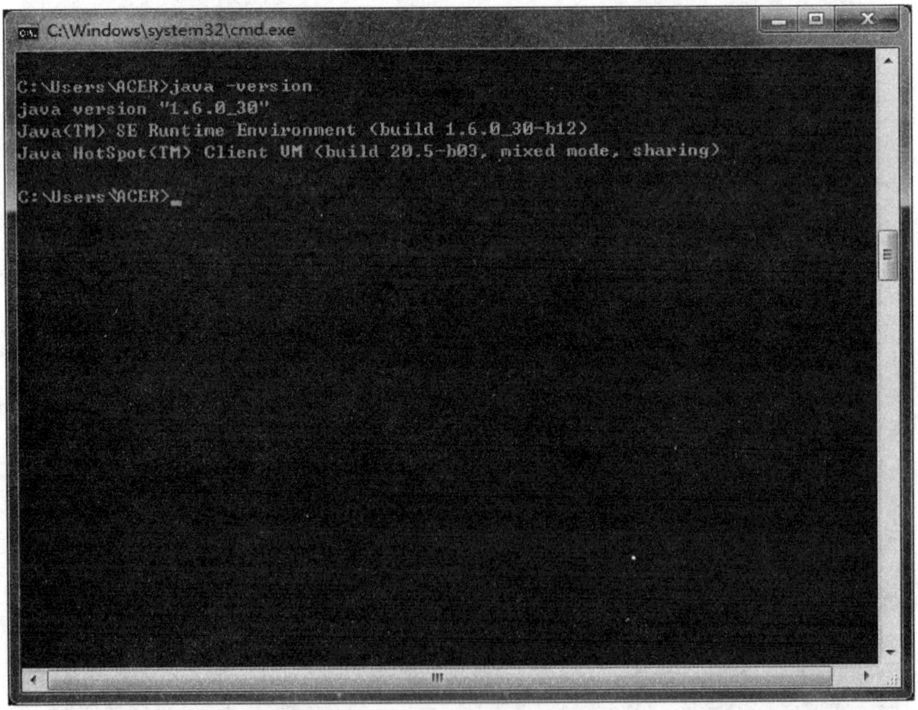
C:\Windows\system32\cmd.exe
C:\Users\ACER>java -version
java version "1.6.0_30"
Java(TM) SE Runtime Environment (build 1.6.0_30-b12)
Java HotSpot(TM) Client VM (build 20.5-b03, mixed mode, sharing)
C:\Users\ACER>

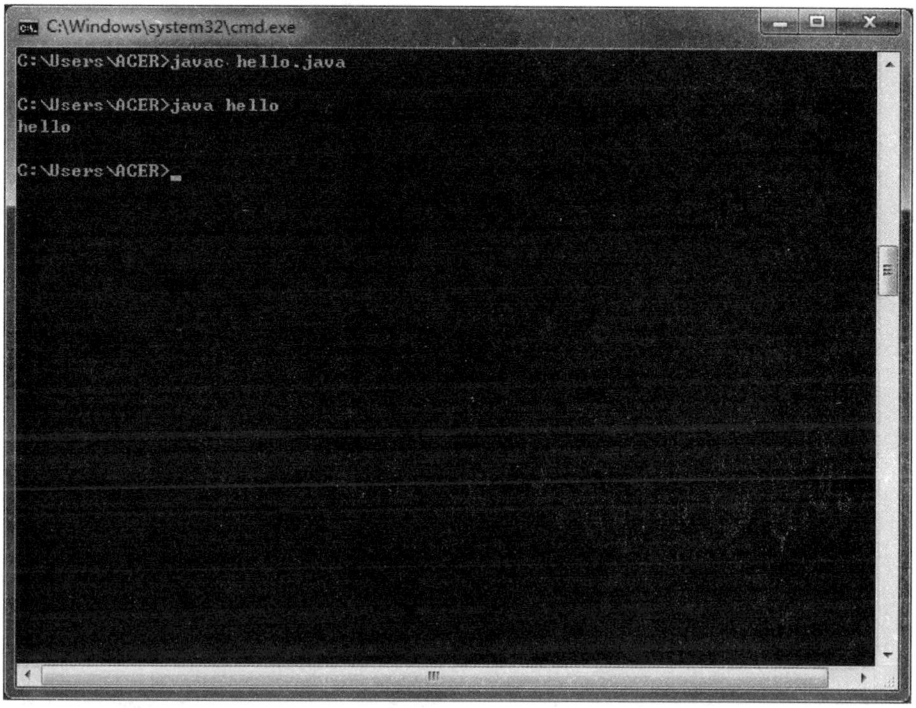
C:\Windows\system32\cmd.exe
C:\Users\ACER>javac hello.java
C:\Users\ACER>java hello
hello
C:\Users\ACER>_

二、数据库安装

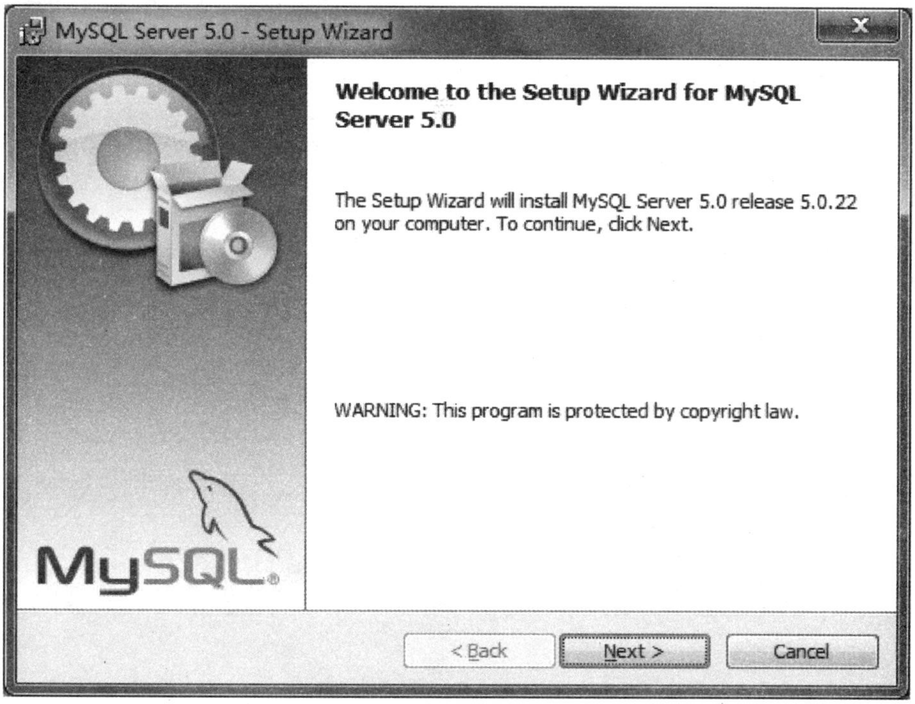
MySQL Server 5.0 - Setup Wizard
Welcome to the Setup Wizard for MySQL Server 5.0
The Setup Wizard will install MySQL Server 5.0 release 5.0.22 on your computer. To continue, click Next.
WARNING: This program is protected by copyright law.
MySQL
< Back
Next >
Cancel

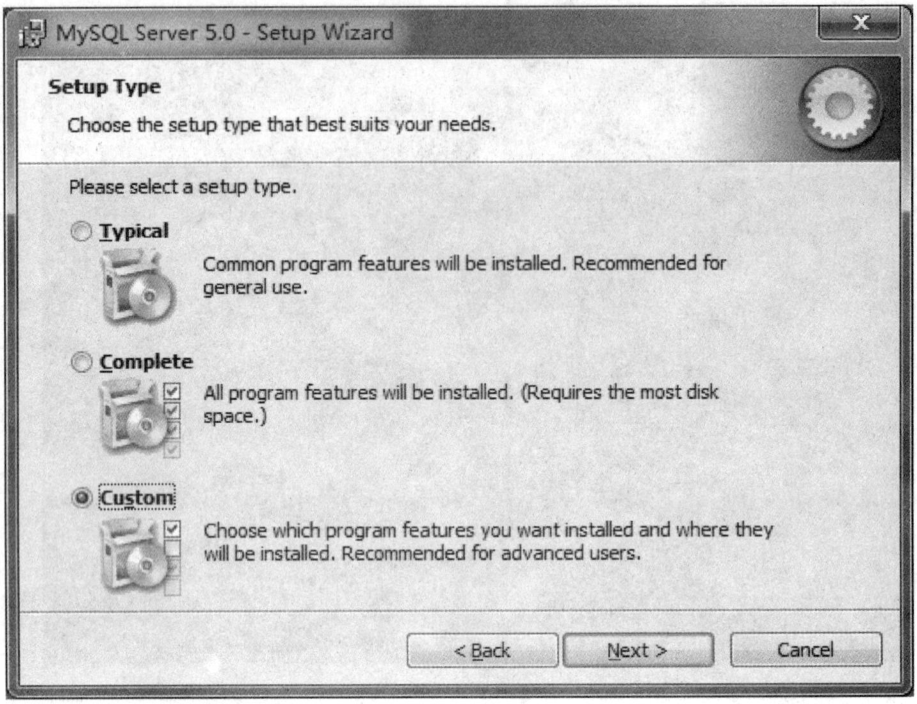
MySQL Server 5.0 - Setup Wizard
Setup Type
Choose the setup type that best suits your needs.
Please select a setup type.
Typical
Common program features will be installed. Recommended for general use.
Complete
All program features will be installed. (Requires the most disk space.)
Custom
Choose which program features you want installed and where they will be installed. Recommended for advanced users.
< Back
Next >
Cancel

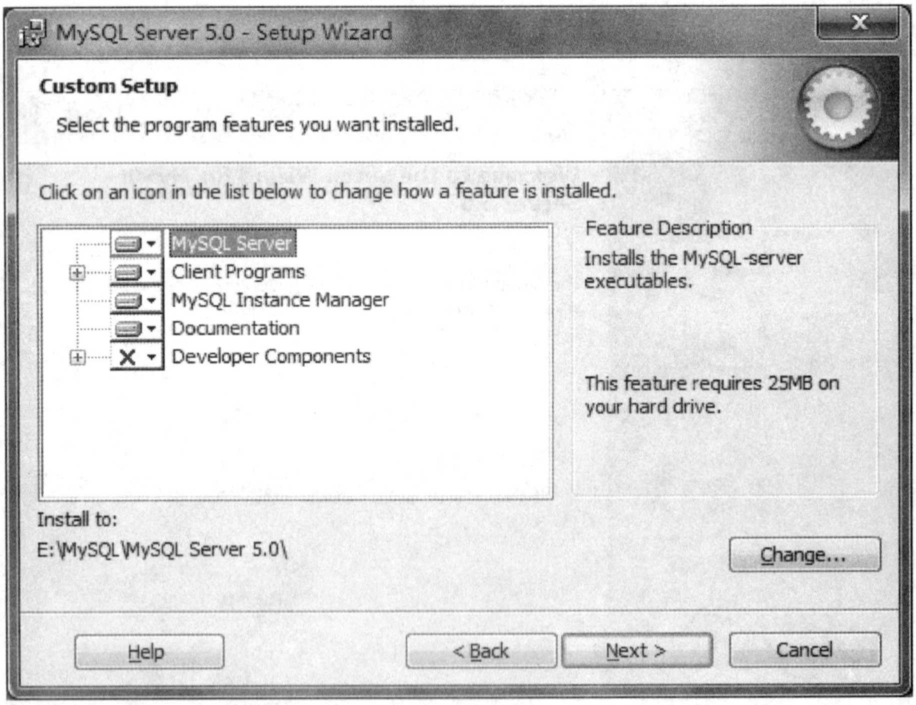
MySQL Server 5.0 - Setup Wizard
Custom Setup
Select the program features you want installed.
Click on an icon in the list below to change how a feature is installed.
MySQL Server
Client Programs
MySQL Instance Manager
Documentation
Developer Components
Feature Description
Installs the MySQL-server executables.
This feature requires 25MB on your hard drive.
Install to:
E:\MySQL\MySQL Server 5.0\
Change...
Help
< Back
Next >
Cancel

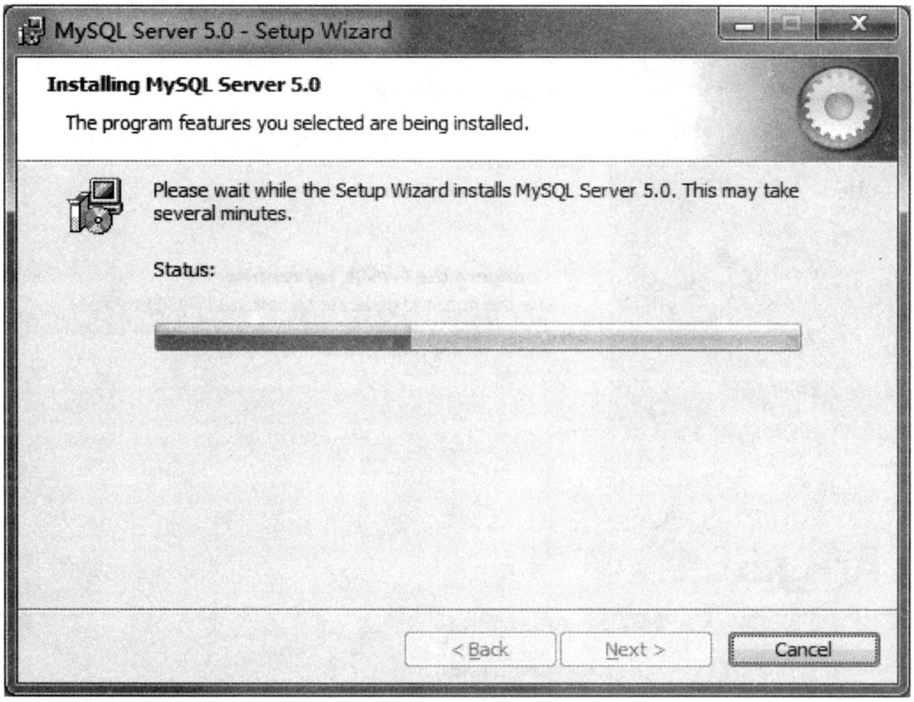
MySQL Server 5.0 - Setup Wizard
Installing MySQL Server 5.0
The program features you selected are being installed.
Please wait while the Setup Wizard installs MySQL Server 5.0. This may take several minutes.
Status:
< Back
Next >
Cancel

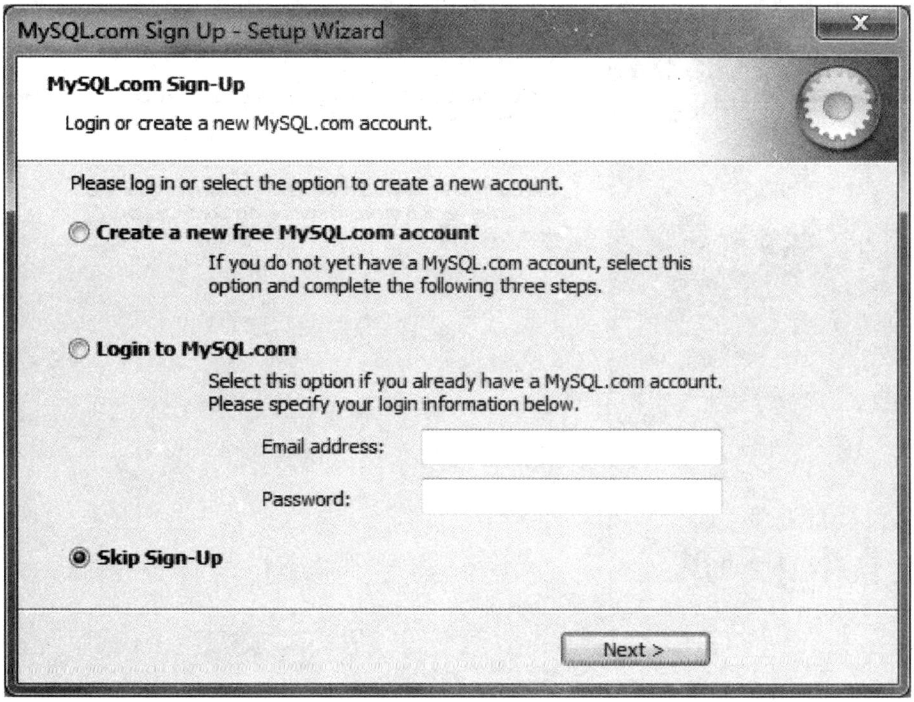
MySQL.com Sign Up - Setup Wizard
MySQL.com Sign-Up
Login or create a new MySQL.com account.
Please log in or select the option to create a new account.
Create a new free MySQL.com account
If you do not yet have a MySQL.com account, select this option and complete the following three steps.
Login to MySQL.com
Select this option if you already have a MySQL.com account. Please specify your login information below.
Email address:
Password:
Skip Sign-Up
Next >

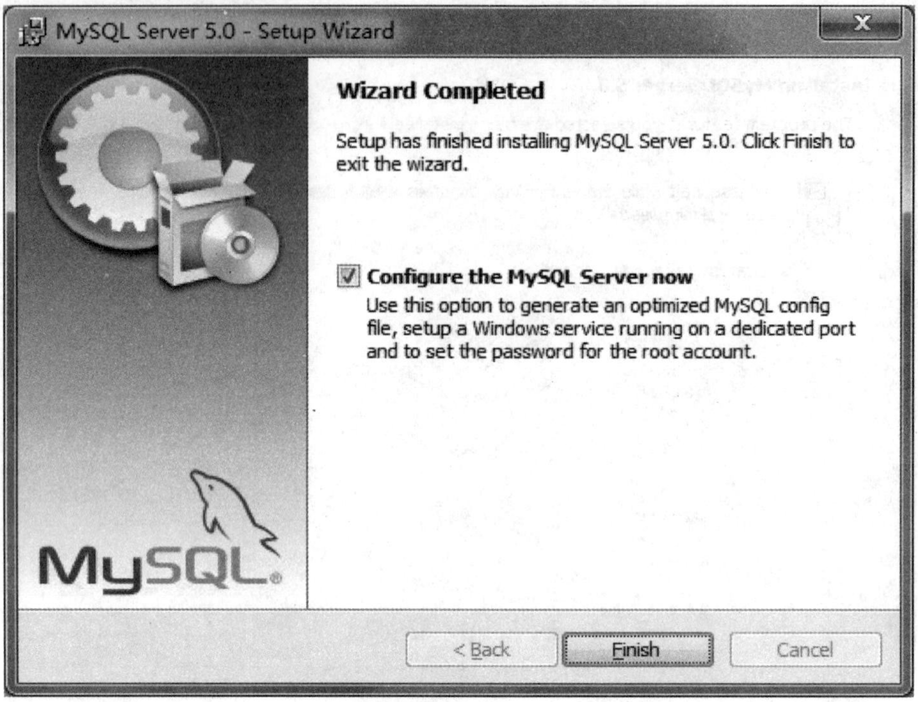
MySQL Server 5.0 - Setup Wizard
Wizard Completed
Setup has finished installing MySQL Server 5.0. Click Finish to exit the wizard.
Configure the MySQL Server now
Use this option to generate an optimized MySQL config file, setup a Windows service running on a dedicated port and to set the password for the root account.
MySQL
< Back
Finish
Cancel

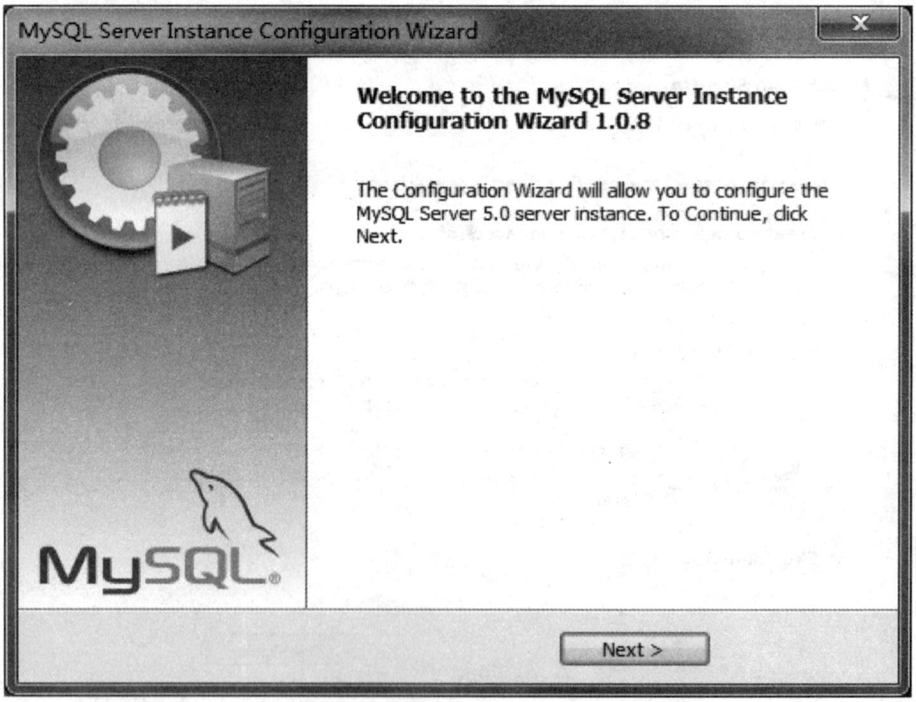
MySQL Server Instance Configuration Wizard
Welcome to the MySQL Server Instance Configuration Wizard 1.0.8
The Configuration Wizard will allow you to configure the MySQL Server 5.0 server instance. To Continue, click Next.
MySQL
Next >

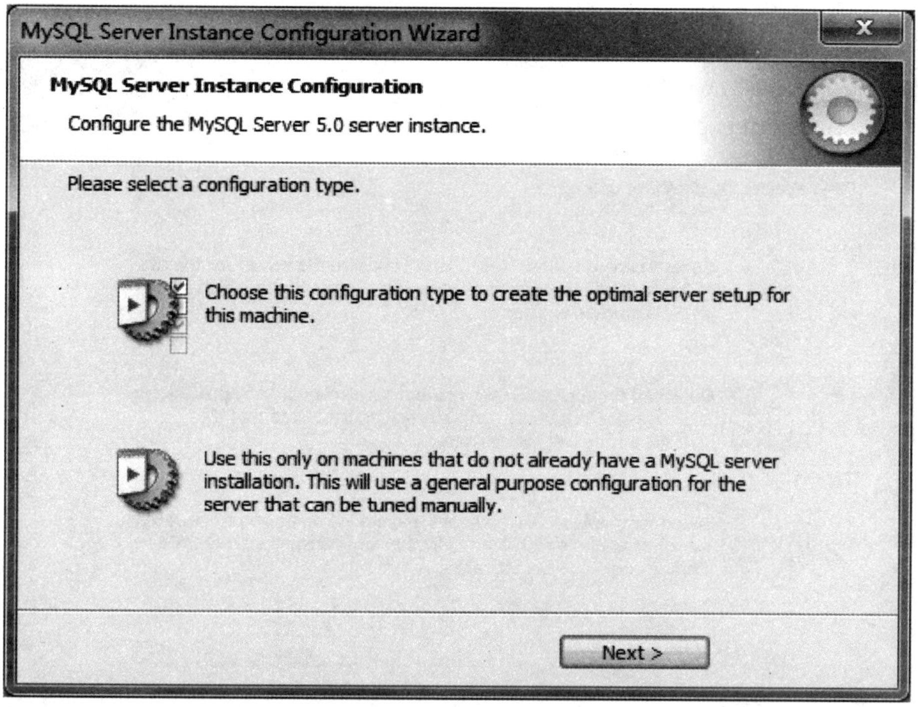
MySQL Server Instance Configuration Wizard
MySQL Server Instance Configuration
Configure the MySQL Server 5.0 server instance.
Please select a configuration type.
Choose this configuration type to create the optimal server setup for this machine.
Use this only on machines that do not already have a MySQL server installation. This will use a general purpose configuration for the server that can be tuned manually.
Next >

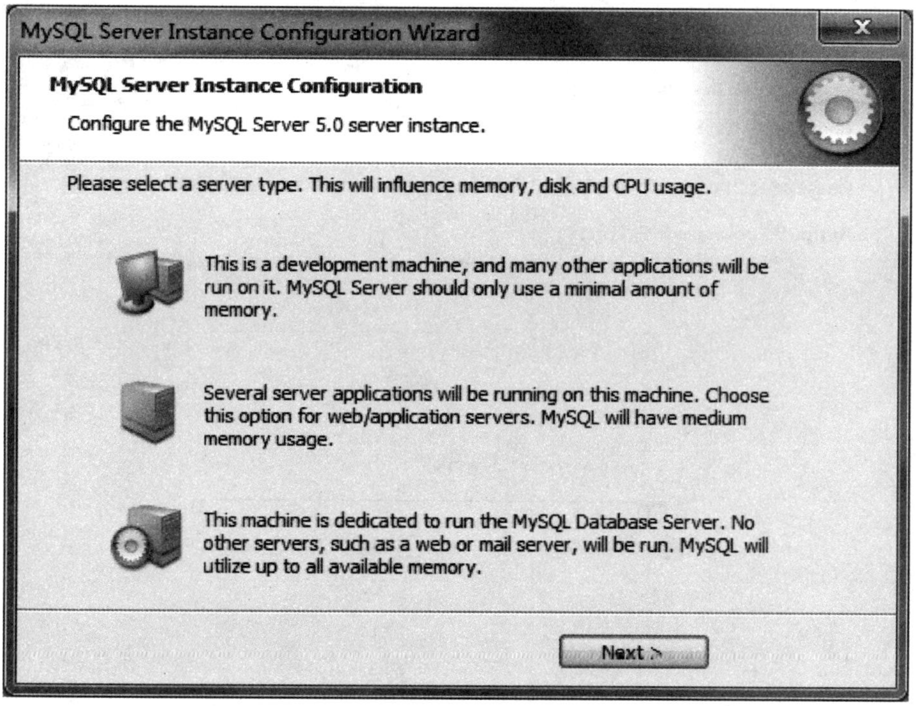
MySQL Server Instance Configuration Wizard
MySQL Server Instance Configuration
Configure the MySQL Server 5.0 server instance.
Please select a server type. This will influence memory, disk and CPU usage.
This is a development machine, and many other applications will be run on it. MySQL Server should only use a minimal amount of memory.
Several server applications will be running on this machine. Choose this option for web/application servers. MySQL will have medium memory usage.
This machine is dedicated to run the MySQL Database Server. No other servers, such as a web or mail server, will be run. MySQL will utilize up to all available memory.
Next >

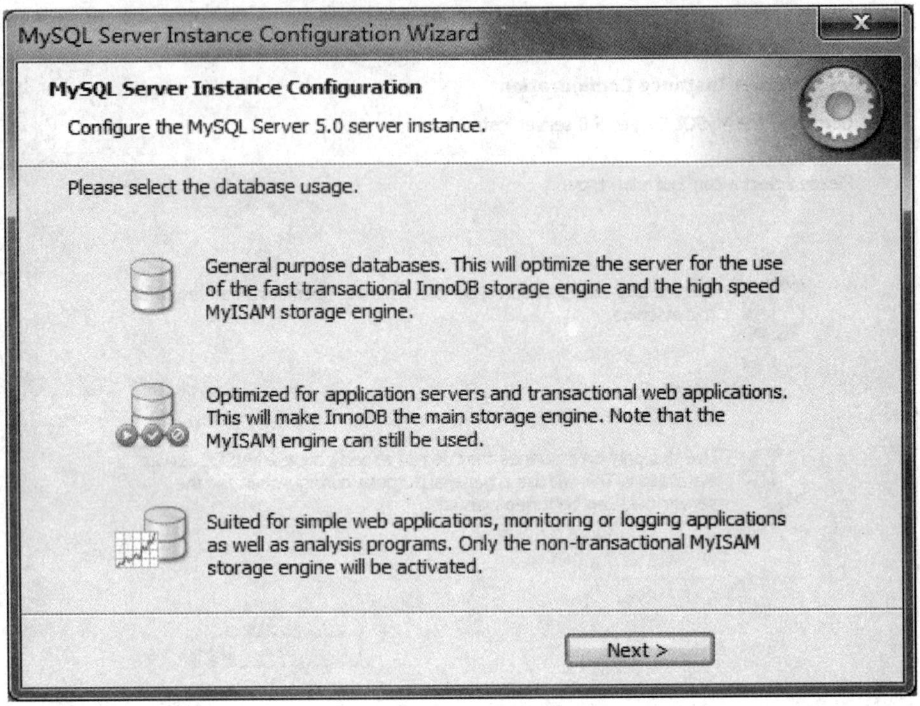
MySQL Server Instance Configuration Wizard
MySQL Server Instance Configuration
Configure the MySQL Server 5.0 server instance.
Please select the database usage.
General purpose databases. This will optimize the server for the use of the fast transactional InnoDB storage engine and the high speed MyISAM storage engine.
Optimized for application servers and transactional web applications. This will make InnoDB the main storage engine. Note that the MyISAM engine can still be used.
Suited for simple web applications, monitoring or logging applications as well as analysis programs. Only the non-transactional MyISAM storage engine will be activated.
Next >

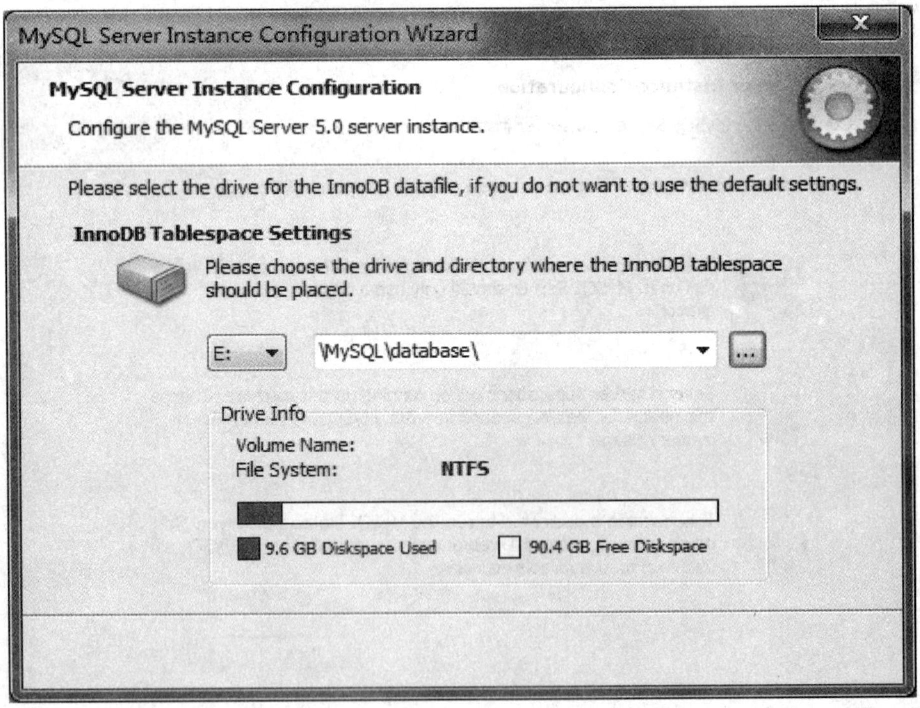
MySQL Server Instance Configuration Wizard
MySQL Server Instance Configuration
Configure the MySQL Server 5.0 server instance.
Please select the drive for the InnoDB datafile, if you do not want to use the default settings.
InnoDB Tablespace Settings
Please choose the drive and directory where the InnoDB tablespace should be placed.
E:
\MySQL\database\
...
Drive Info
Volume Name:
File System:
NTFS
9.6 GB Diskspace Used
90.4 GB Free Diskspace

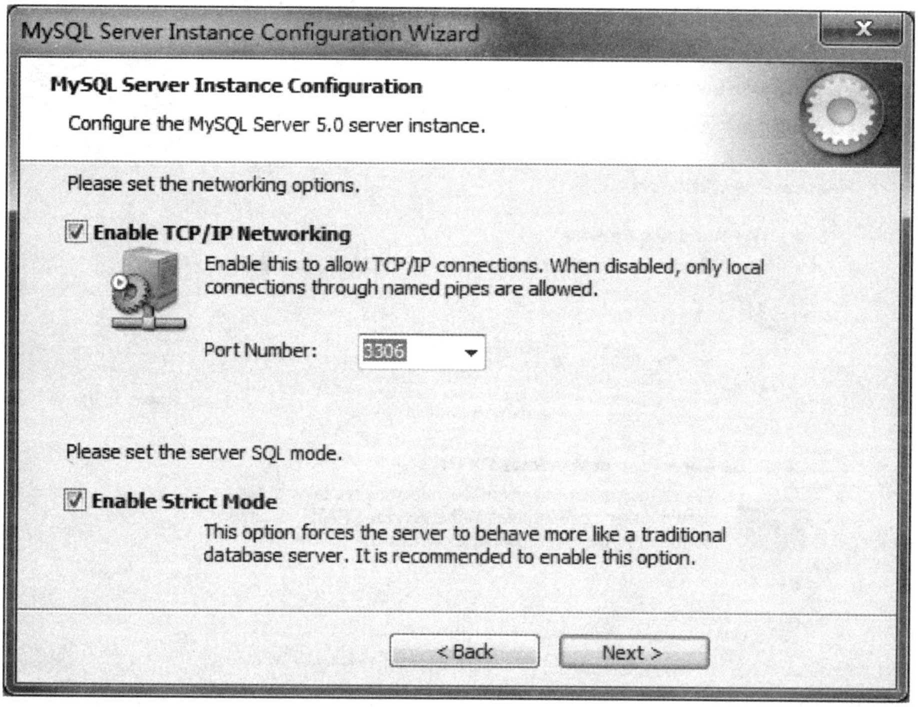
MySQL Server Instance Configuration Wizard
MySQL Server Instance Configuration
Configure the MySQL Server 5.0 server instance.
Please set the networking options.
Enable TCP/IP Networking
Enable this to allow TCP/IP connections. When disabled, only local connections through named pipes are allowed.
Port Number:
3306
Please set the server SQL mode.
Enable Strict Mode
This option forces the server to behave more like a traditional database server. It is recommended to enable this option.
< Back
Next >

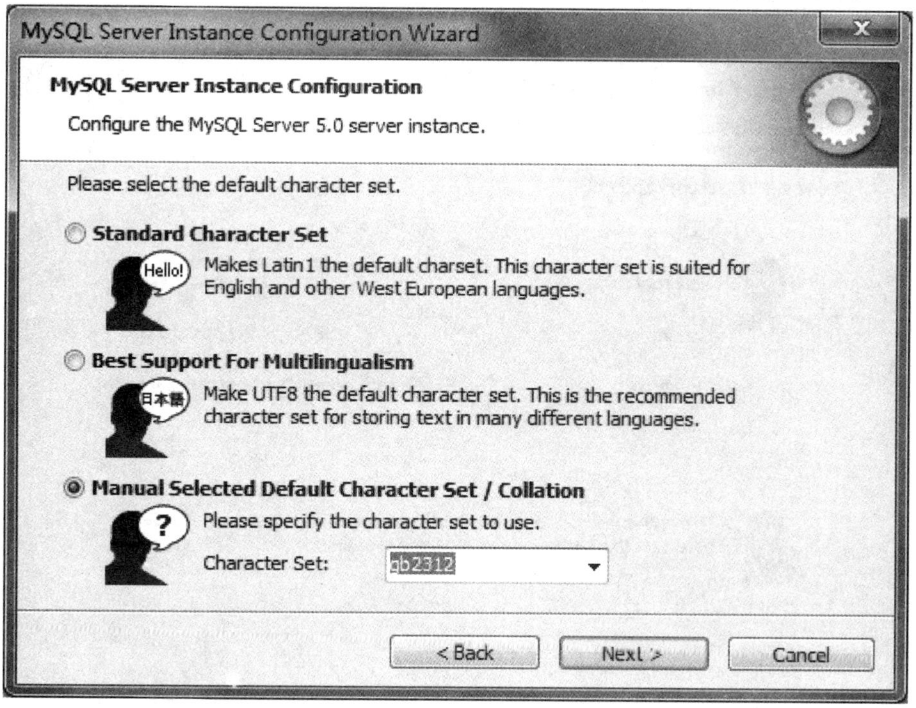
MySQL Server Instance Configuration Wizard
MySQL Server Instance Configuration
Configure the MySQL Server 5.0 server instance.
Please select the default character set.
Standard Character Set
Hello!
Makes Latin1 the default charset. This character set is suited for English and other West European languages.
Best Support For Multilingualism
Make UTF8 the default character set. This is the recommended character set for storing text in many different languages.
Manual Selected Default Character Set / Collation
?
Please specify the character set to use.
Character Set:
gb2312
< Back
Next >
Cancel

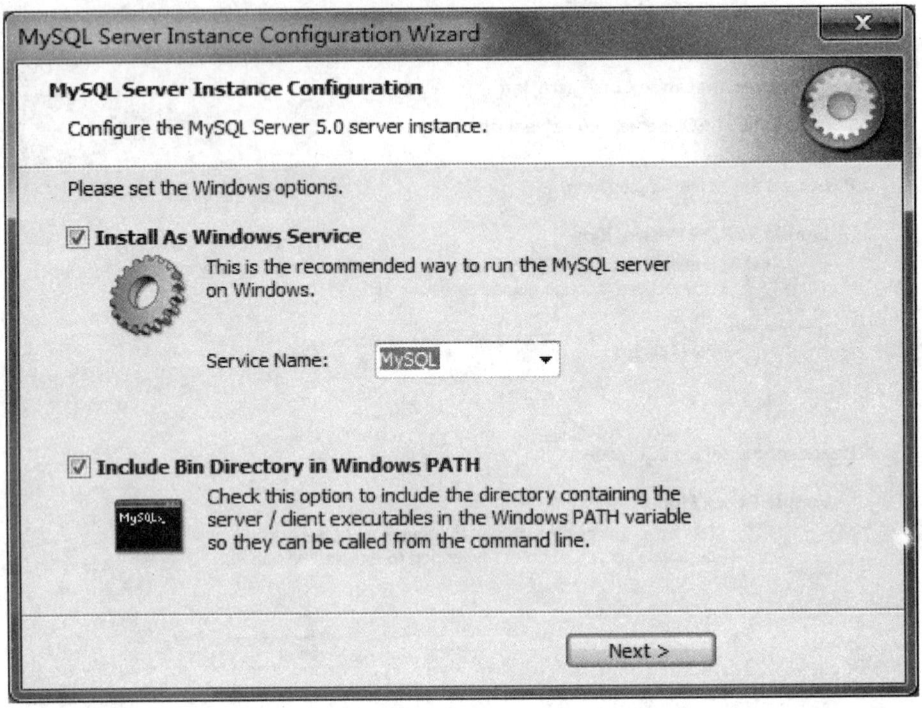
MySQL Server Instance Configuration Wizard
MySQL Server Instance Configuration
Configure the MySQL Server 5.0 server instance.
Please set the Windows options.
Install As Windows Service
This is the recommended way to run the MySQL server on Windows.
Service Name:
MySQL
Include Bin Directory in Windows PATH
Check this option to include the directory containing the server / client executables in the Windows PATH variable so they can be called from the command line.
Next >

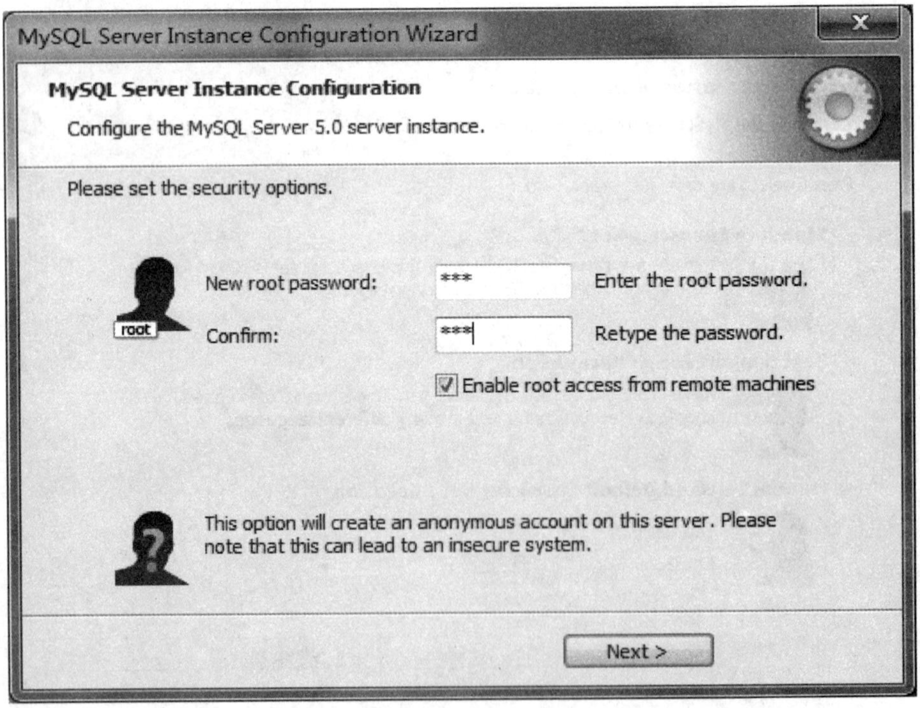
MySQL Server Instance Configuration Wizard
MySQL Server Instance Configuration
Configure the MySQL Server 5.0 server instance.
Please set the security options.
New root password:
***
Enter the root password.
root
Confirm:
***
Retype the password.
Enable root access from remote machines
This option will create an anonymous account on this server. Please note that this can lead to an insecure system.
Next >

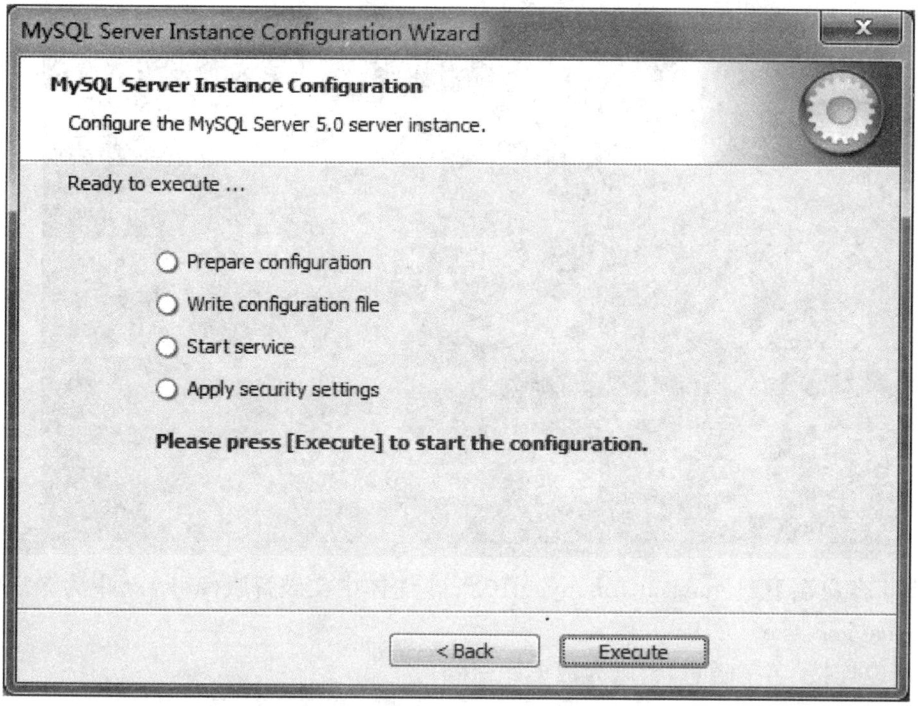
MySQL Server Instance Configuration Wizard
MySQL Server Instance Configuration
Configure the MySQL Server 5.0 server instance.
Ready to execute ...
Prepare configuration
Write configuration file
Start service
Apply security settings
Please press [Execute] to start the configuration.
< Back
Execute

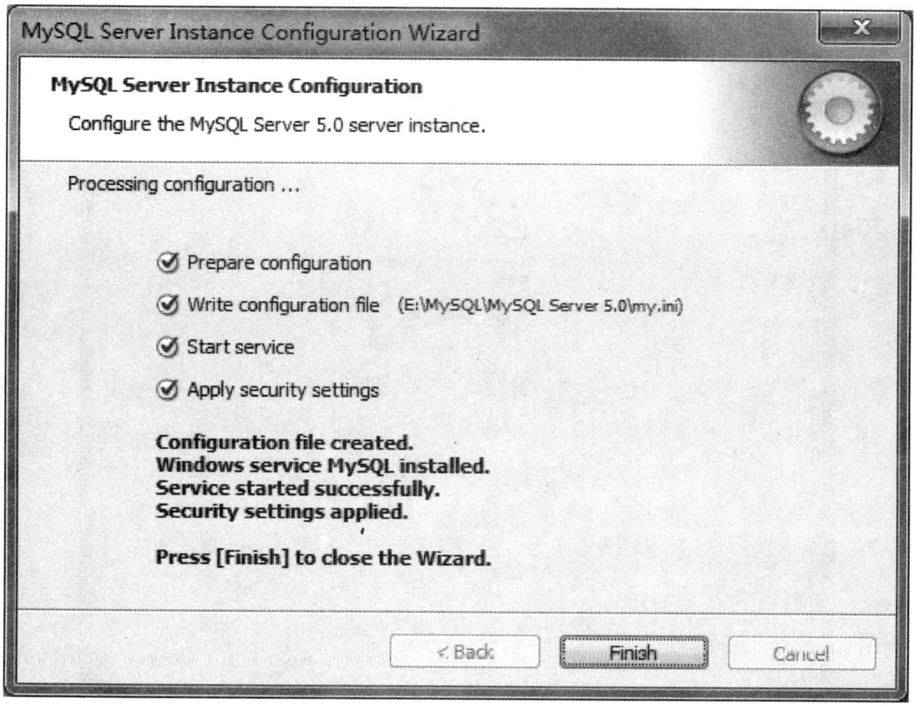
MySQL Server Instance Configuration Wizard
MySQL Server Instance Configuration
Configure the MySQL Server 5.0 server instance.
Processing configuration ...
Prepare configuration
Write configuration file (E:\MySQL\MySQL Server 5.0\my.ini)
Start service
Apply security settings
Configuration file created.
Windows service MySQL installed.
Service started successfully.
Security settings applied.
Press [Finish] to close the Wizard.
< Back
Finish
Cancel

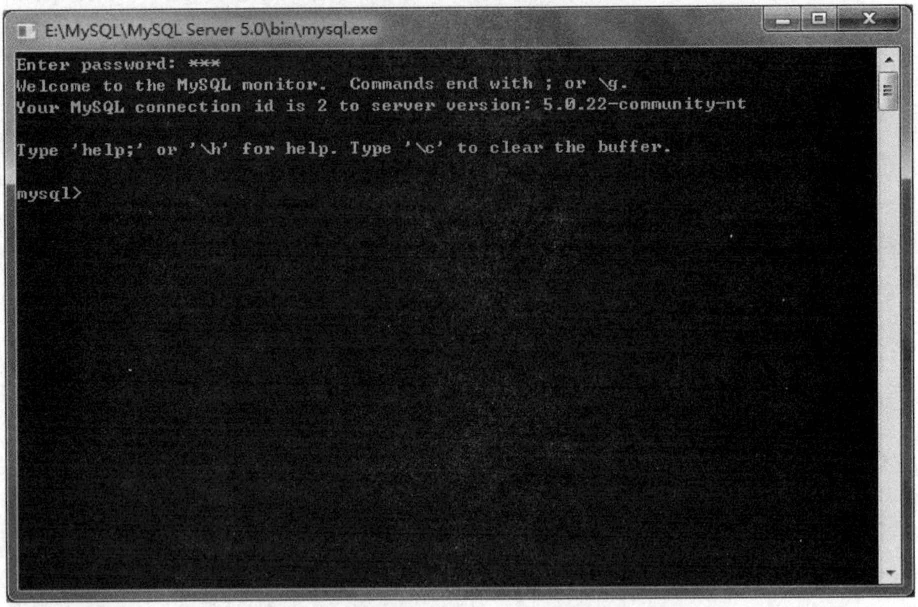

MySql 客户端下载：navicat for mysql10.0.11 简体中文破解版（key.txt 中为激活码）。

运行 navicat.exe。

（1）新建连接（名字随意，密码为数据库密码）。

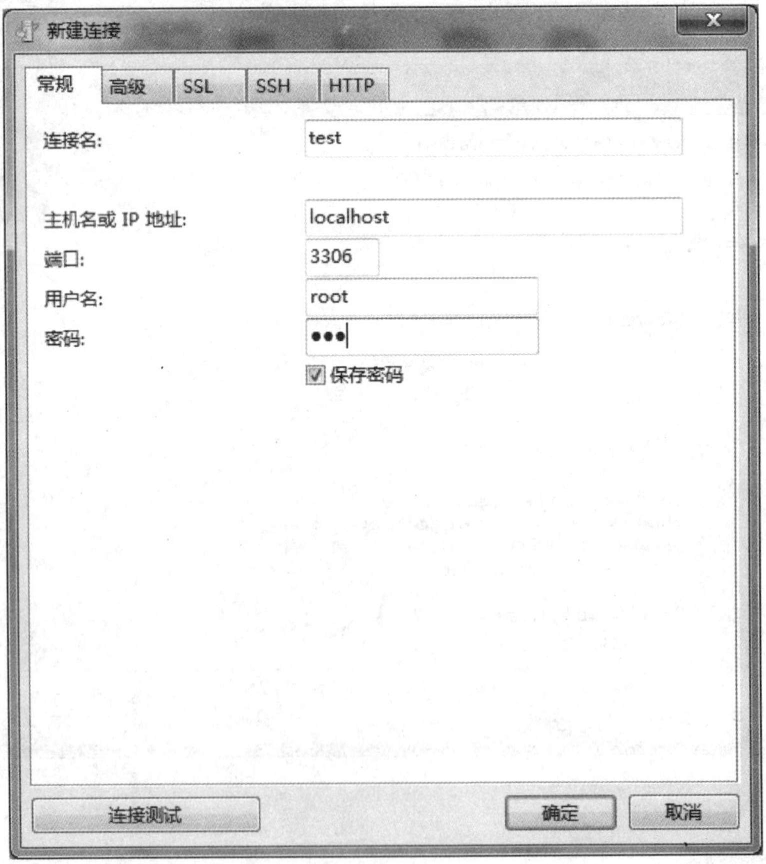

(2)新建数据库,名字为 db_eshop,字符集为 utf8－UTF－8 Unicode。

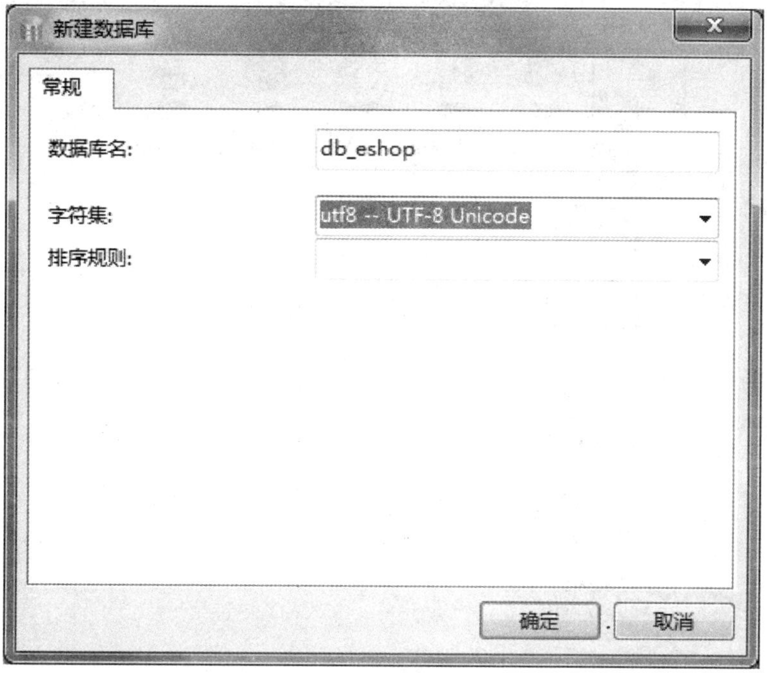

选中 db_eshop,右击选中运行 SQL 文件,选中 db_eshop.sql 文件,单击“开始”按钮。

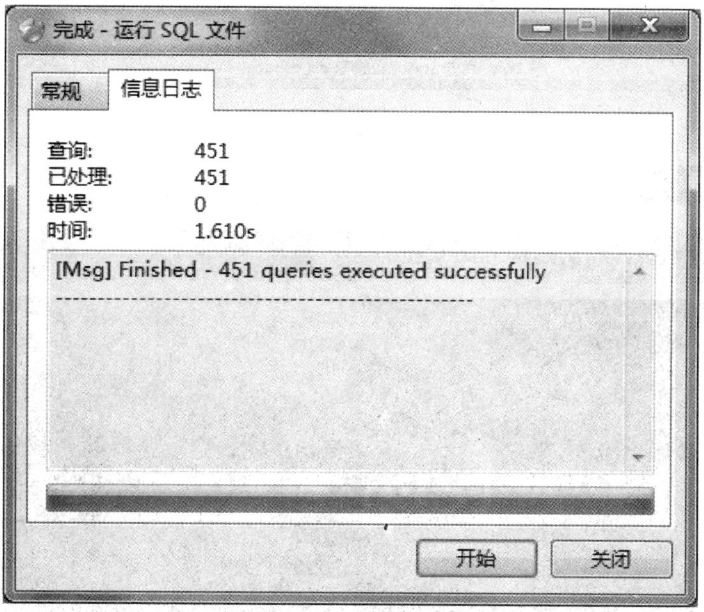

刷新后出现多张表。

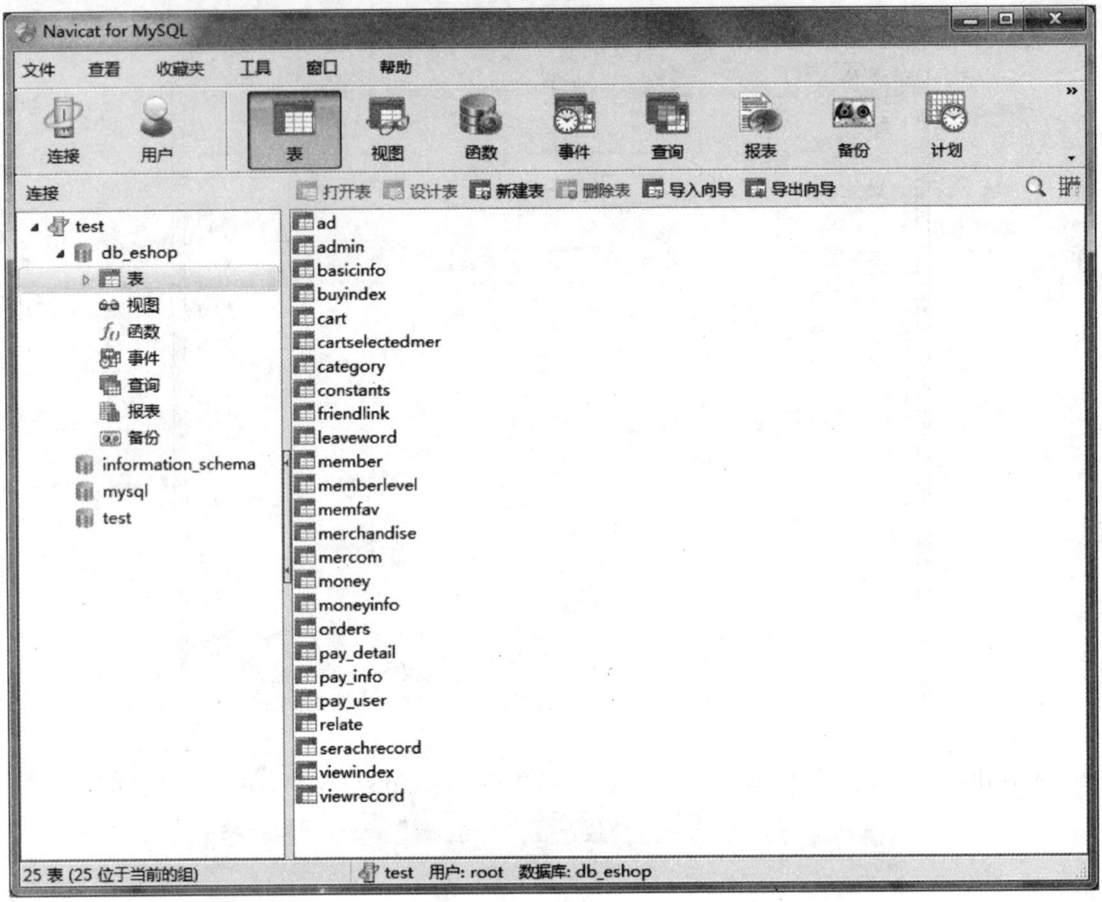
Navicat for MySQL
文件 查看 收藏夹 工具 窗口 帮助
连接 用户 表 视图 函数 事件 查询 报表 备份 计划
连接
打开表 设计表 新建表 删除表 导入向导 导出向导
test
db_eshop
表
视图
函数
事件
查询
报表
备份
information_schema
mysql
test
ad
admin
basicinfo
buyindex
cart
cartselectedmer
category
constants
friendlink
leaveword
member
memberlevel
memfav
merchandise
mercom
money
moneyinfo
orders
pay_detail
pay_info
pay_user
relate
serachrecord
viewindex
viewrecord
25 表 (25 位于当前的组)
test 用户: root 数据库: db_eshop

三、开发工具安装

Extracting Installer for MyEclipse 8.5
Eclipse
ENTERPRISE
WORKBENCH 8.5
Launching...

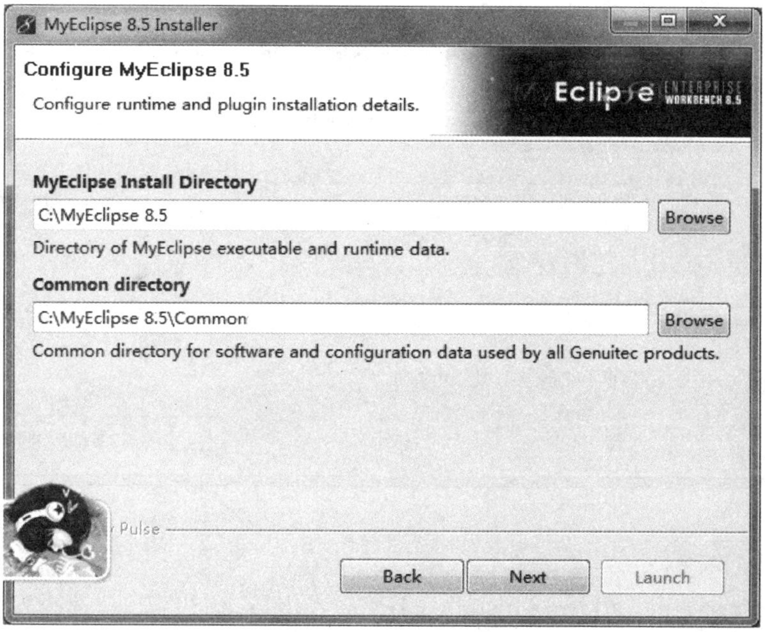
MyEclipse 8.5 Installer
Configure MyEclipse 8.5
Configure runtime and plugin installation details.
MyEclipse Install Directory
C:\MyEclipse 8.5
Browse
Directory of MyEclipse executable and runtime data.
Common directory
C:\MyEclipse 8.5\Common
Browse
Common directory for software and configuration data used by all Genuitec products.
Back
Next
Launch

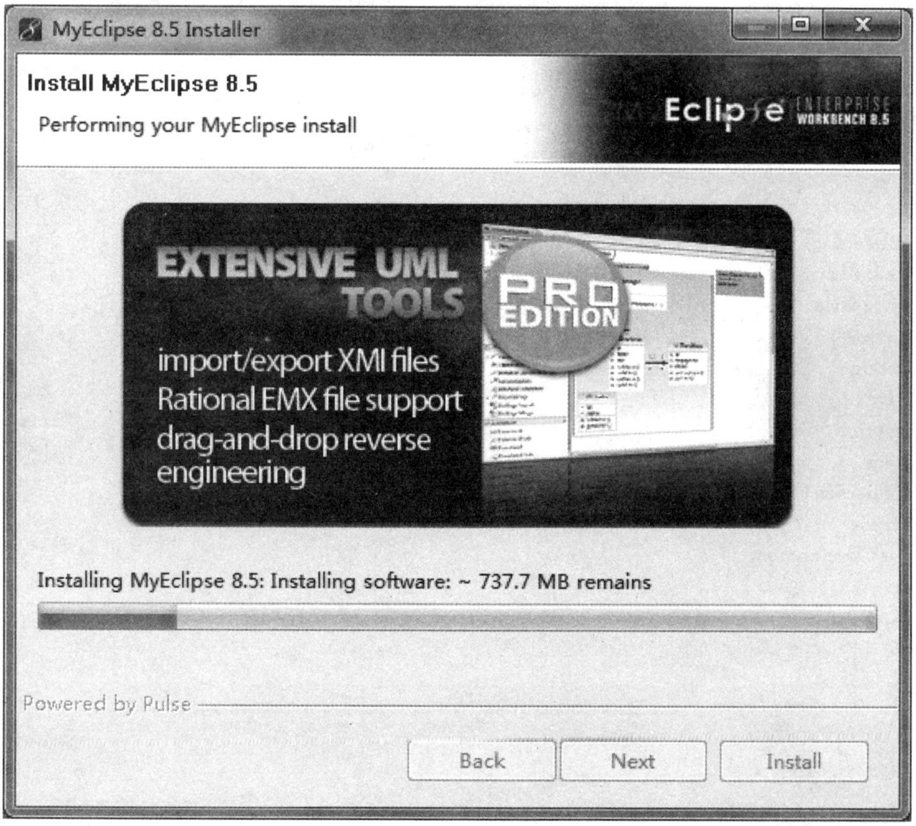
MyEclipse 8.5 Installer
Install MyEclipse 8.5
Performing your MyEclipse install
EXTENSIVE UML TOOLS
PRO EDITION
import/export XMI files
Rational EMX file support
drag-and-drop reverse engineering
Installing MyEclipse 8.5: Installing software: ~ 737.7 MB remains
Powered by Pulse
Back
Next
Install

启动 MyEclipse。

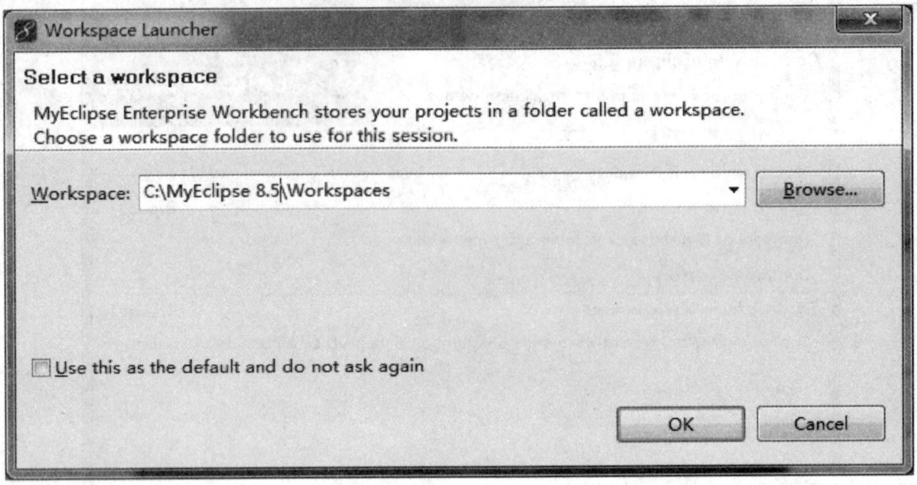

配置 Eclipse 环境：

Window→Preference→Java→Installed JREs(点击"search"按钮，选择安装的 JDK 所在目录，选中 Jre)。

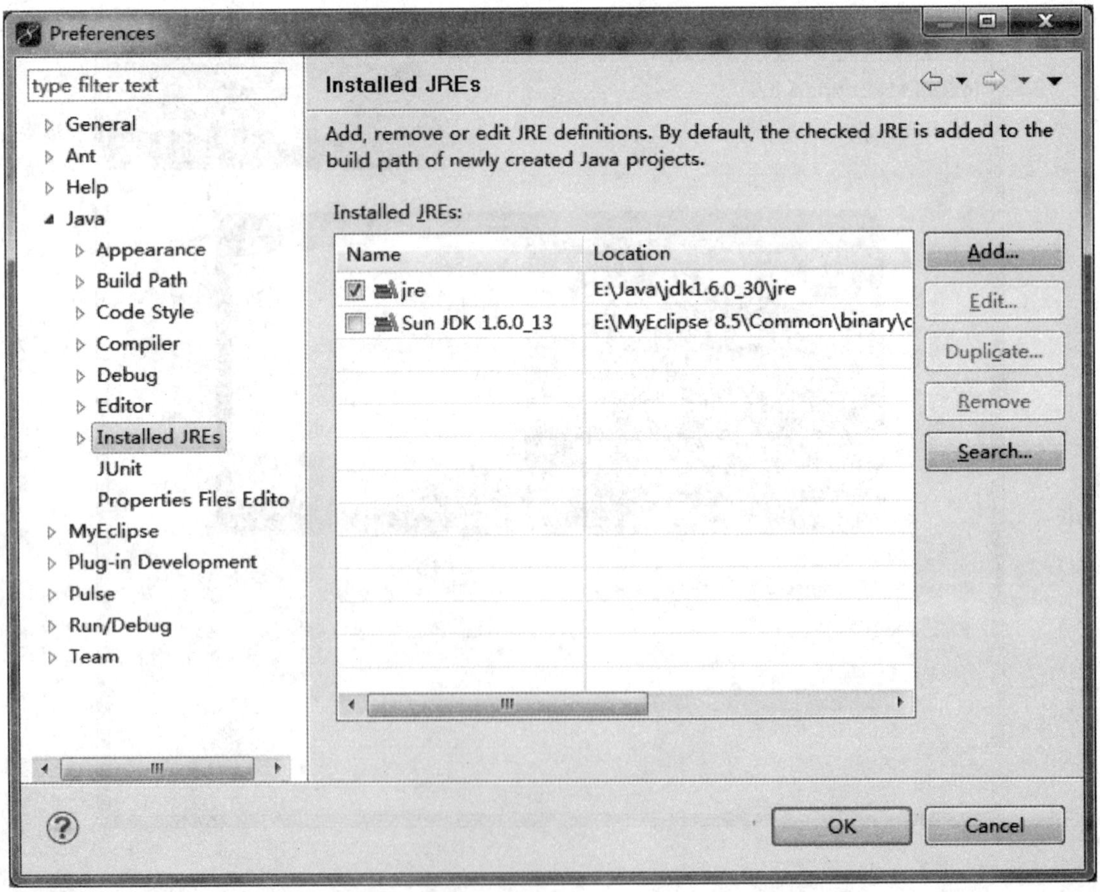

将 Eshop 拷贝到 Workspace 目录下。

导入项目：

File→Import→Genernal→Existing Project into Workspace。

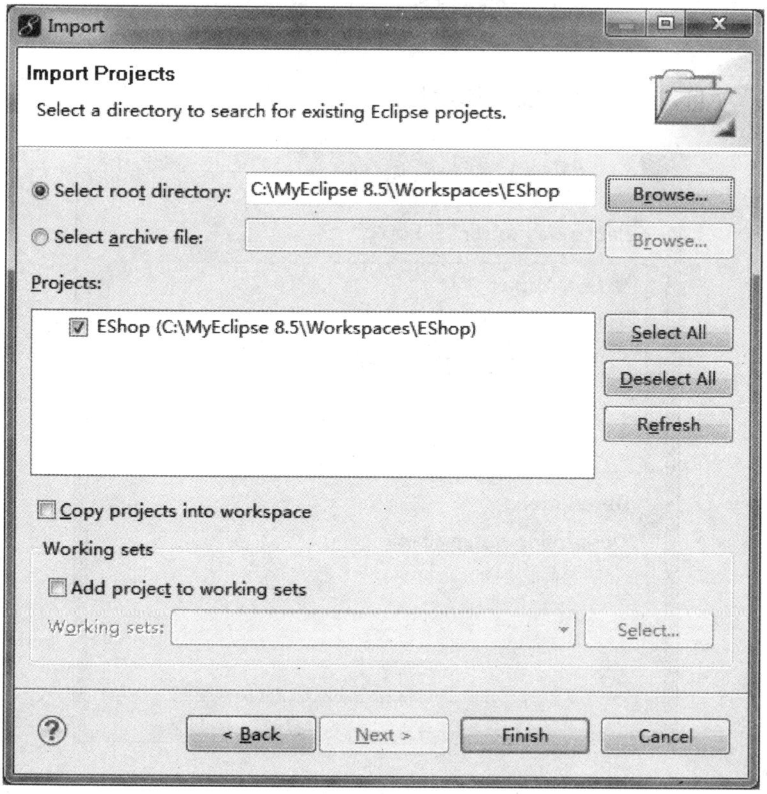

配置文件：打开 Eshop→src→hibernate.cfg.xml 文件，修改 connection.password 的值，改为自己设置的数据库密码。

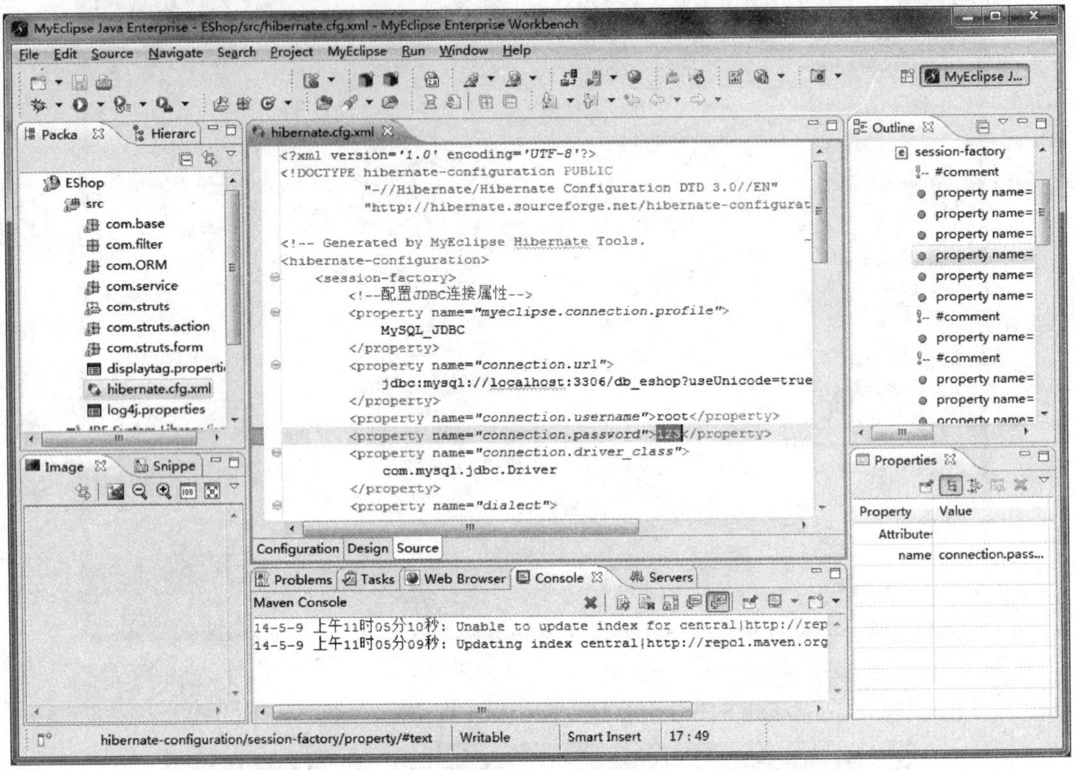

选中 Eshop 项目，运行(单击绿色播放按钮，选择“MyEclipse Server Application”)。

四、系统运行成功示例

用户名和密码在 member 表中查询。

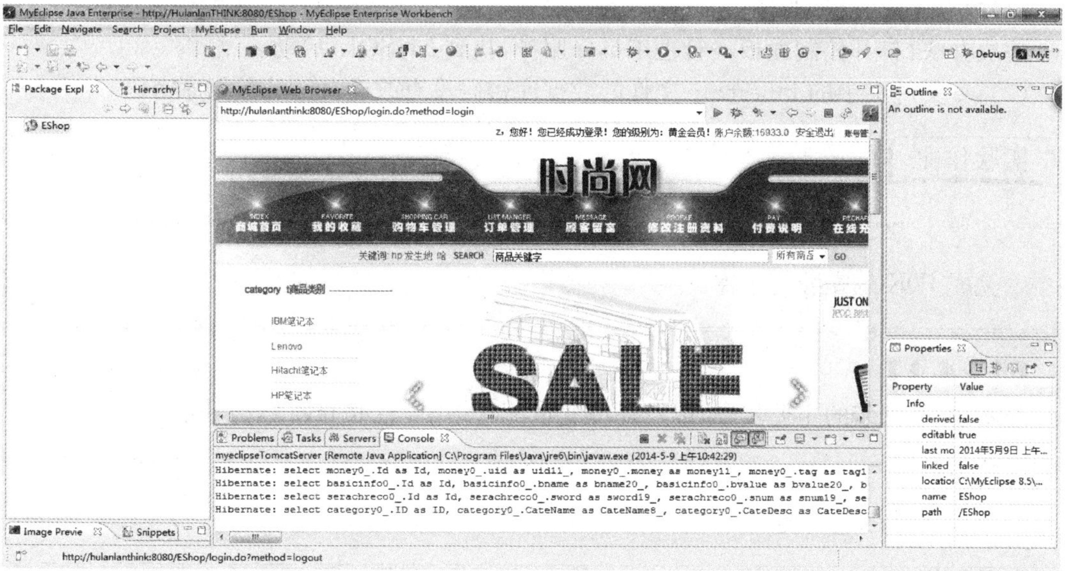

用户名和密码也可以在浏览器中查看。

常见问题：

如果 navicat“无法建立连接”或者运行后出现“数据库连接类型的错误”，一般是以下原因：

(1)数据库没有启动。

解决办法：打开控制面板→管理工具→服务，找到 MySQL，启动。

(2)src 文件夹中的 hibernate 文件的数据库密码没有改成自己的数据库密码。

实验作业

作业 1

完成 JDK 的安装与配置

【作业要求】

显示 JDK 安装的主要步骤，以及环境变量配置结果，显示 Java 运行环境。

作业 2

完成数据库的安装

【作业要求】

展示数据库安装路径，装载 db-eshop 数据库。

作业 3

完成开发环境的配置

【作业要求】

(1)显示 xlyEclipse 的主要安装过程，以及 Eclipse 环境配置结果，导入 Eshop 项目。

(2)打开 h:bernate.cfg.xml 文件,修改相关配置。

作业 4

展示系统运行成功的界面

【作业要求】

(1)查找用户名和密码,登录系统。

(2)显示主要商品信息。

(3)体验购物车功能。

实验总结

经过本软件项目的开发实践,你遇到了哪些问题,是如何解决的?有何收获与体会?

实验 10——自选综合实验

自选综合实验旨在提升学生对系统分析与设计及其相关课程知识的综合与运用能力。要求学生从现实生活中的需求出发，提炼出系统需求，并完成整个系统的设计与开发，提交完整的系统开发文档。

实验目的

- 理解并掌握系统设计的过程。
- 熟练掌握各种开发工具。
- 完成系统开发。

实验要求

- 说明系统开发环境。
- 完成系统的数据流图。
- 完成系统的概念数据模型。
- 完成系统的物理数据模型。
- 完成该系统的用例图，并给出用例描述。
- 完成用户界面设计。
- 主要程序代码。

实验指导

- 实验环境可以根据实际需要自行选择和配置。
- 根据实际需要进行必要的配置说明。

实验环境

- Windows 2007 系统。
- PowerDesigner15、Visio2013。
- Dreamweaver8、Access2013。

示例实验

技能交换网站

（1）打开控制面板，选择“管理工具”中的“数据源”选项。

（2）在“系统 DNS”中添加数据库文件。

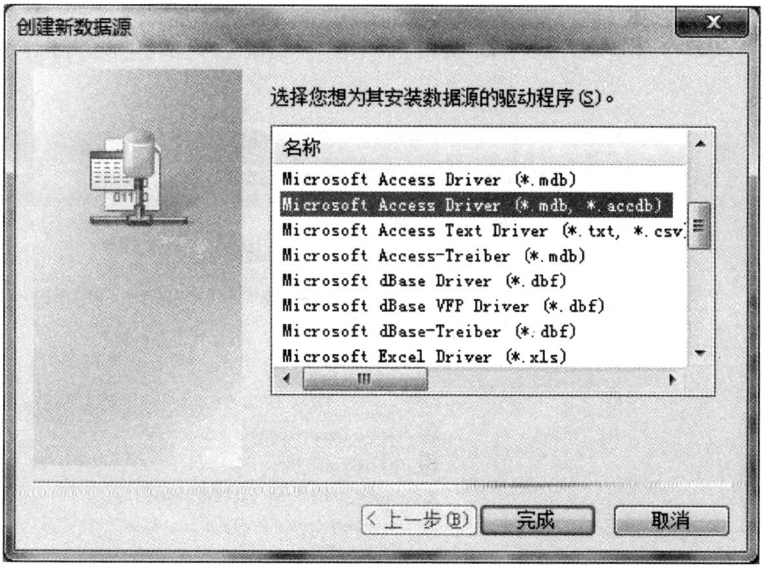

(3)选择网站所在目录的数据库文件 data。

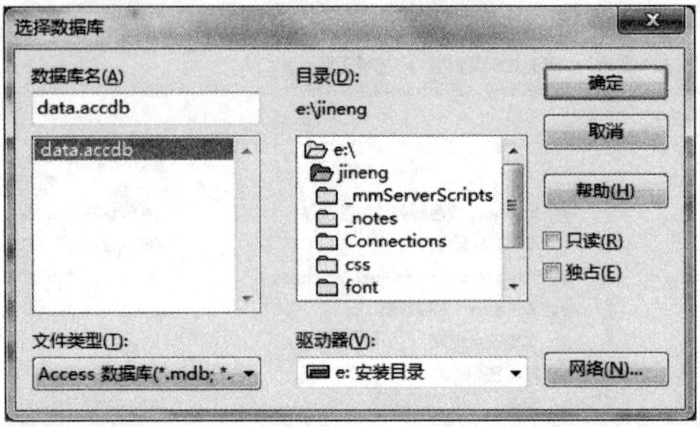

(4)进入 Windows 2007 的控制面板，打开“程序功能”，选择左侧“打开或关闭 Windows 功能”。

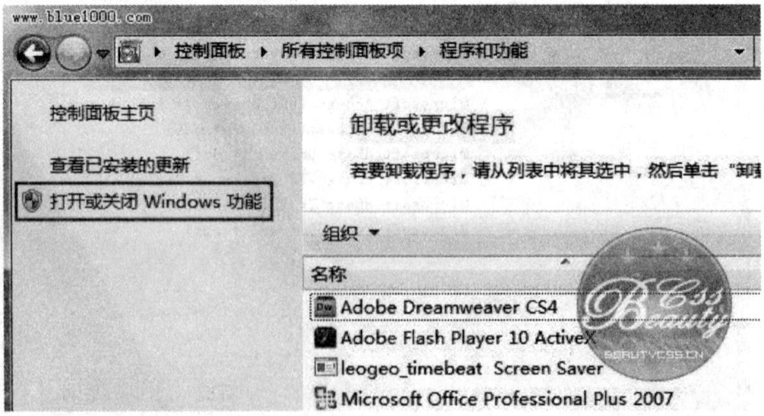

(5)在安装 Windows 功能的选项菜单中,把"Internet 信息服务"的所有组件全部打钩。

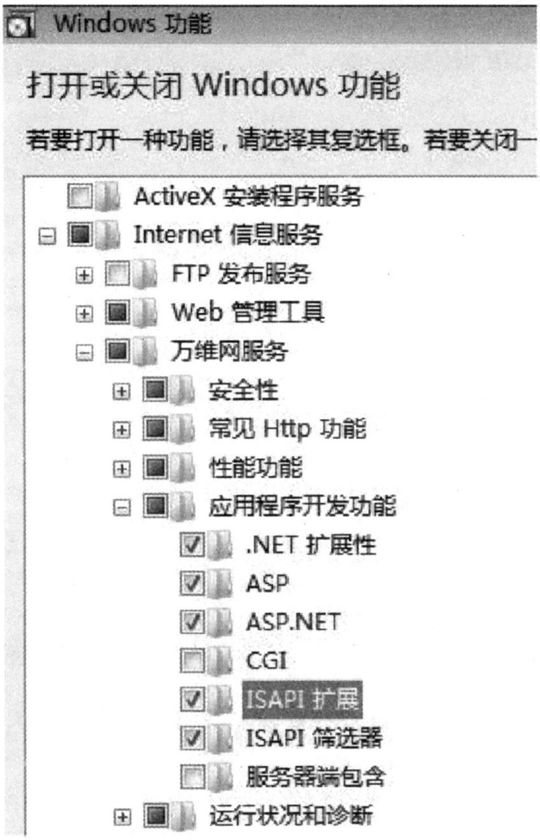

(6)安装完成后,打开控制面板,打开"管理工具",点击"Internet 信息服务(IIS)管理器"。

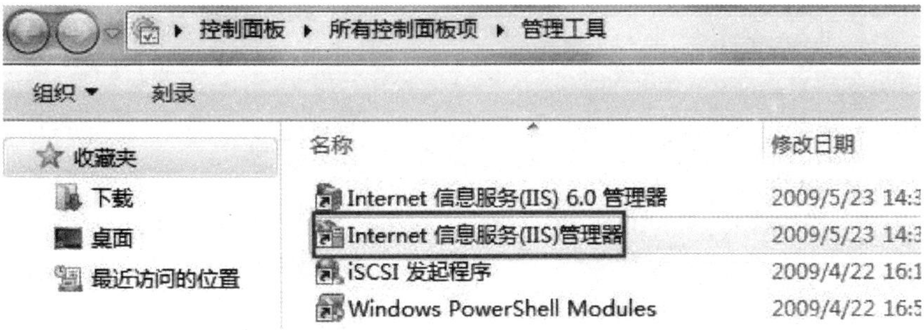

(7)进入 IIS 管理页面,展开左边的个人 PC 栏,右击“网站——添加网站”,在对话框中添加自己的网站名称、物理路径(网站所在目录)。

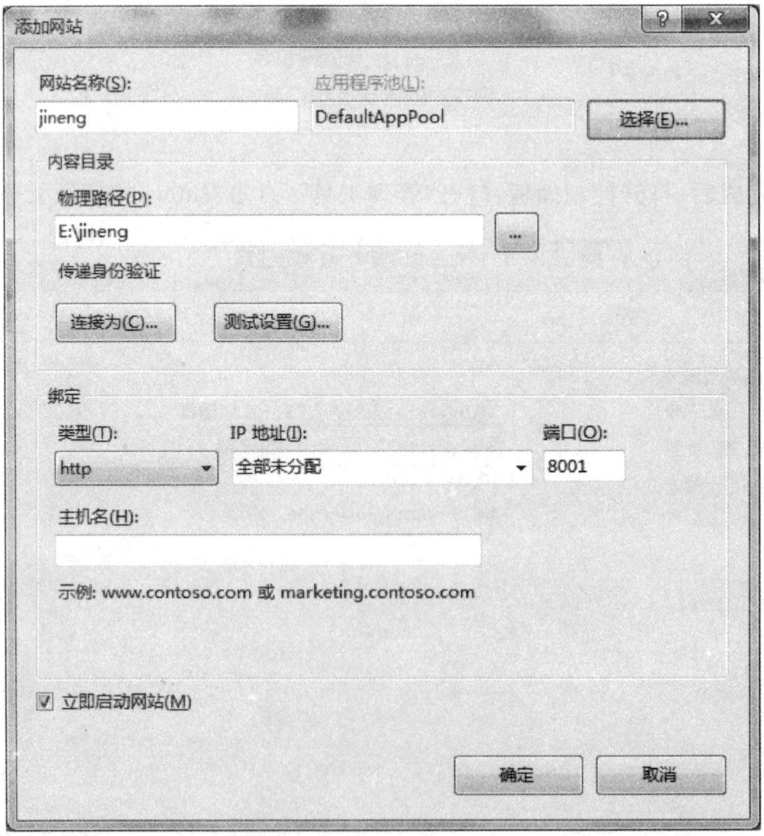

如果端口号重复，则会弹出以下对话框：

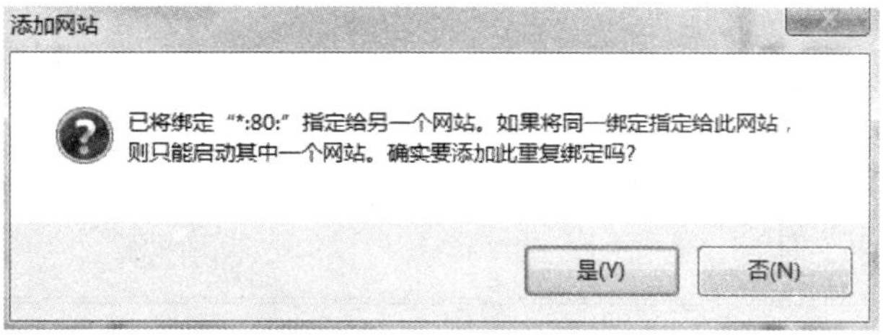

此时，可以点击"是"按钮，或者更改端口号。

(8)双击新建网站，选择IIS中的"ASP"，父路径是没有启用的，选择"True"开启。

(9)点击右侧"应用"，启用目录浏览。

(10)点击右侧“浏览 * :8001(http)”,以浏览网页。

(11)或者打开浏览器,输入地址“http://localhost:8001/index.asp”(其中,8001 为添加网站时设置的端口号),进入主页。

作业 1

完成系统的数据流图

作业区

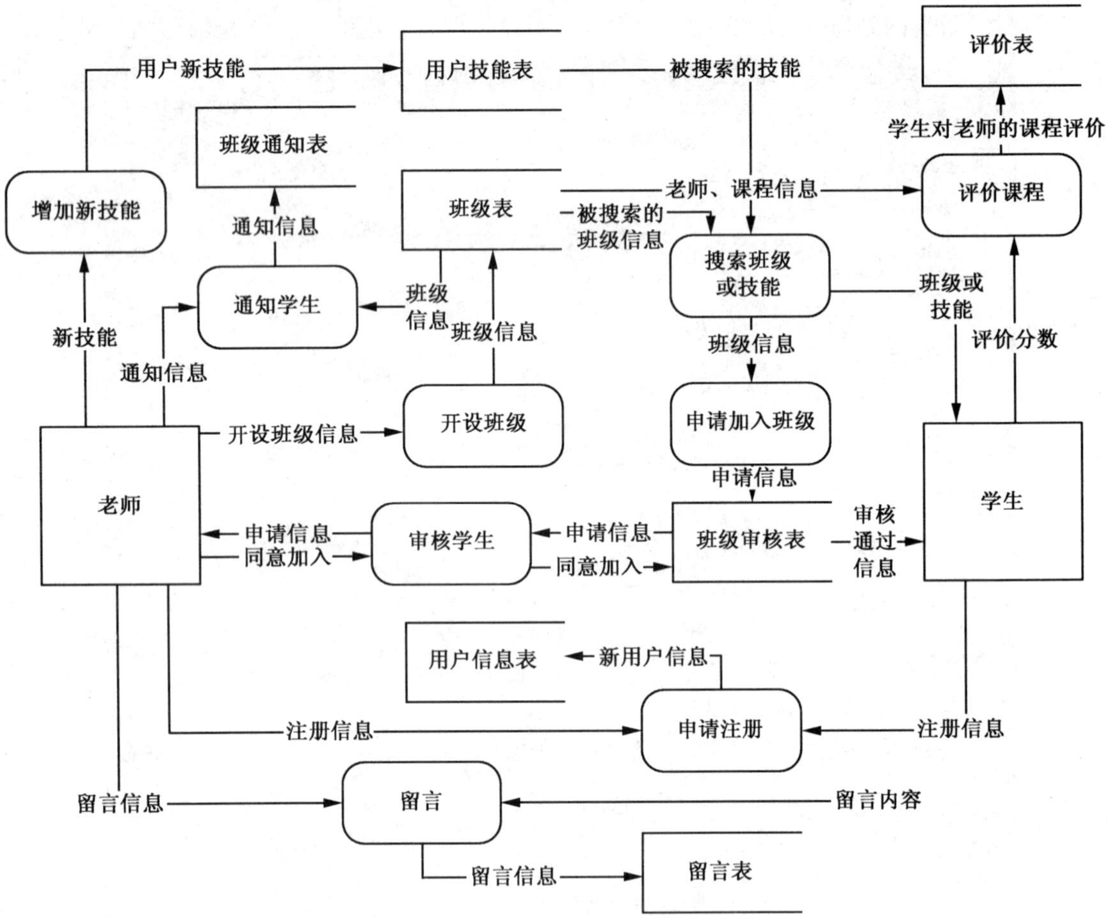

作业 2

完成系统的概念数据模型

作业区

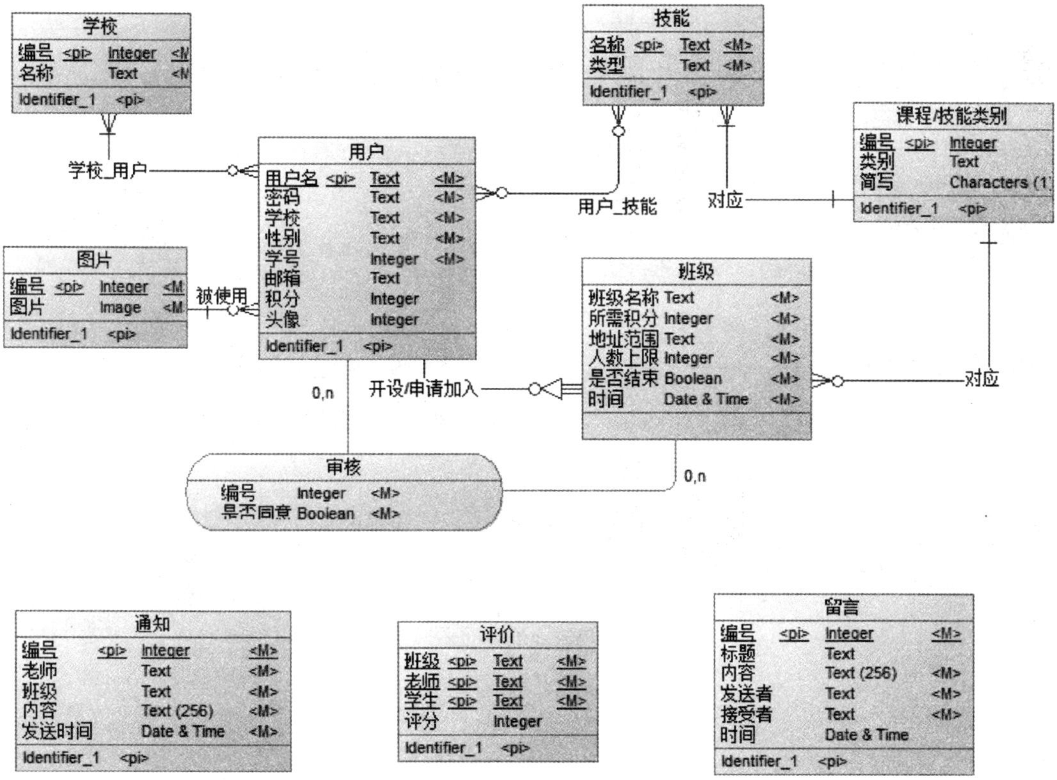

作业 3

完成系统的物理数据模型

作业区

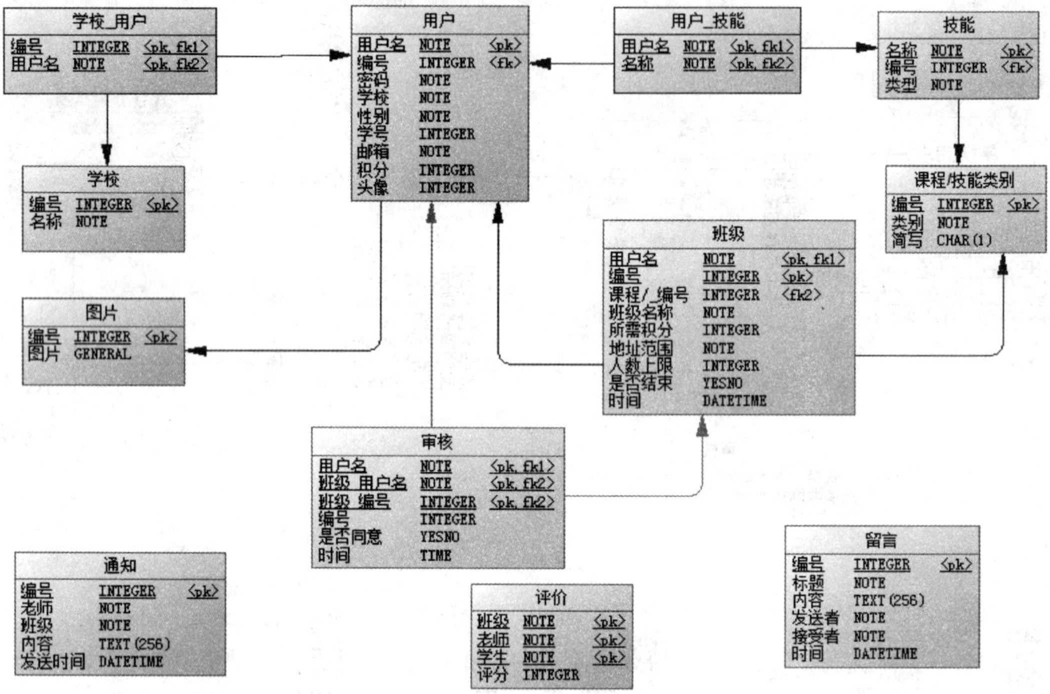

作业 4

完成系统的用例图，并给出用例描述

作业区

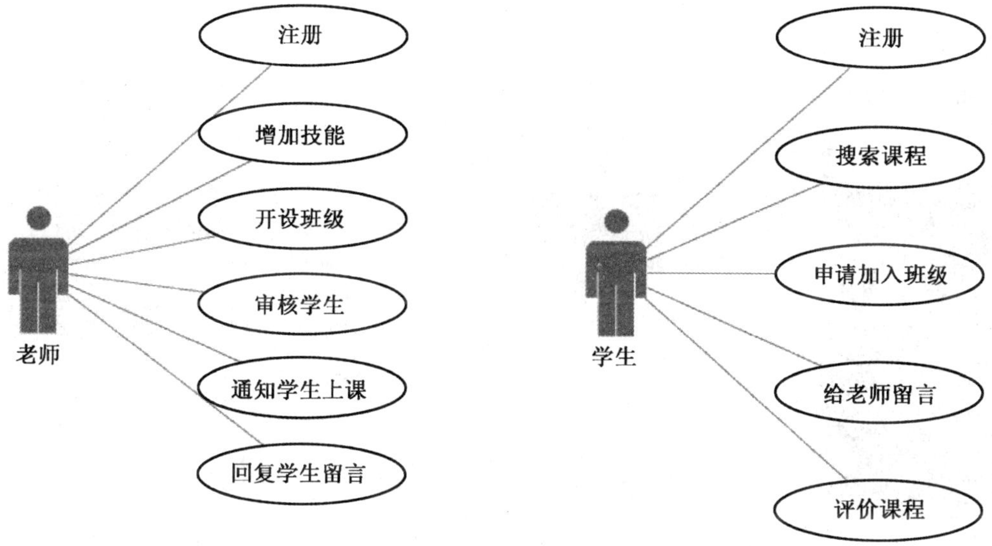

用例描述：

用例名称	审核学生
用例描述	学生在申请加入某班级后，由开课老师决定学生是否能够加入该班级
典型事件流	老师选中学生，选择“同意”或者“拒绝”以决定学生的去留
前置条件	学生已申请老师所开设的班级
后置条件	学生加入老师所开设的班级

用例名称	评　价
用例描述	学生在参加完某个老师开设的班级后对该班级进行评价
典型事件流	学生在线下或线上学习完成后对老师开设的班级进行评分，班级的评分取所有学生所给的平均分，老师的评分为其所开设班级的平均分
前置条件	老师同意学生加入班级
后置条件	老师及其所开设班级得到评分

作业 5

完成系统的界面设计

作业区

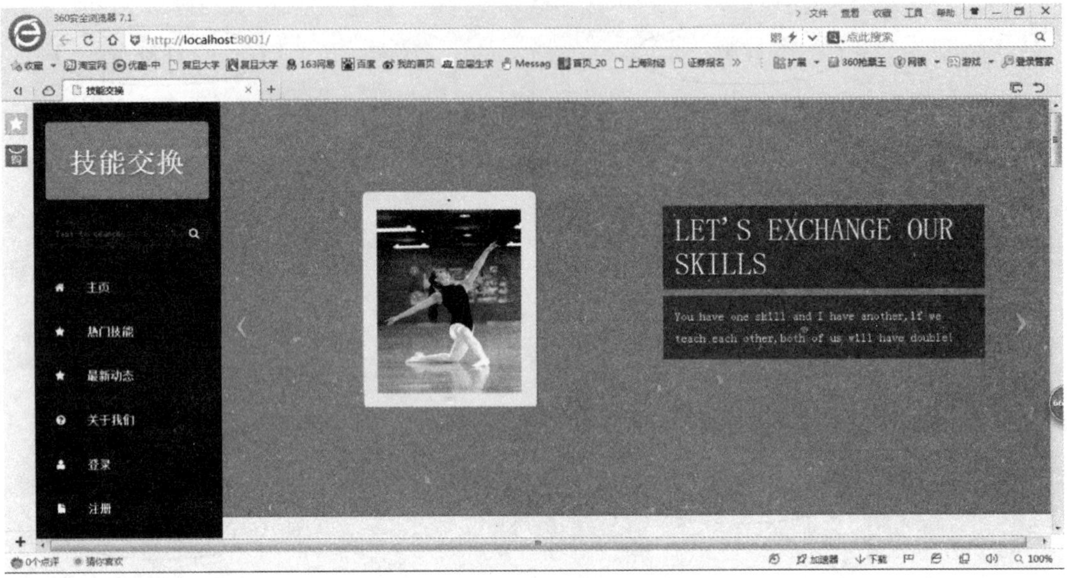

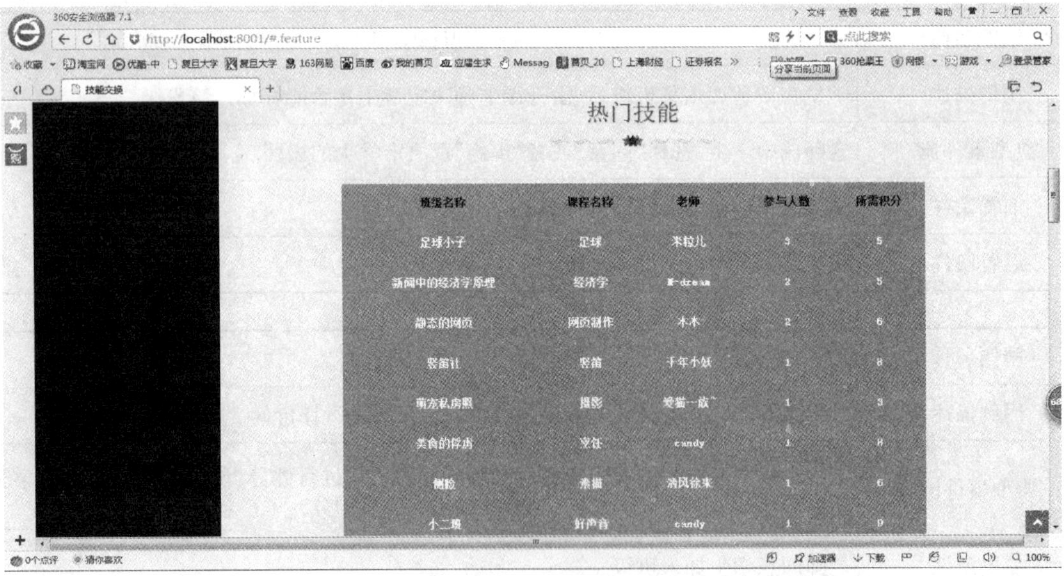

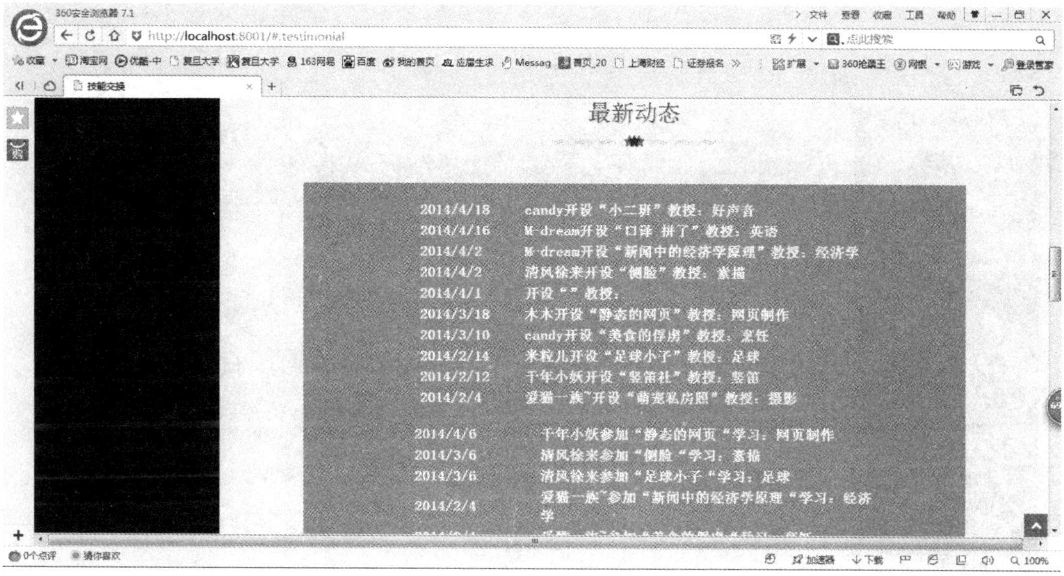
360安全浏览器 7.1
http://localhost:8001/#.testimonial
技能交换
最新动态
2014/4/18 candy开设“小二班”教授：好声音
2014/4/16 M-dream开设“口译 拼了”教授：英语
2014/4/2 M-dream开设“新闻中的经济学原理”教授：经济学
2014/4/2 清风徐来开设“侧脸”教授：素描
2014/4/1 开设“”教授：
2014/3/18 木木开设“静态的网页”教授：网页制作
2014/3/10 candy开设“美食的俘虏”教授：烹饪
2014/2/14 米粒儿开设“足球小子”教授：足球
2014/2/12 千年小妖开设“竖笛社”教授：竖笛
2014/2/4 爱猫一族˜开设“萌宠私房照”教授：摄影
2014/4/6 千年小妖参加“静态的网页“学习：网页制作
2014/3/6 清风徐来参加“侧脸“学习：素描
2014/3/6 清风徐来参加“足球小子“学习：足球
2014/2/4 爱猫一族˜参加“新闻中的经济学原理“学习：经济学

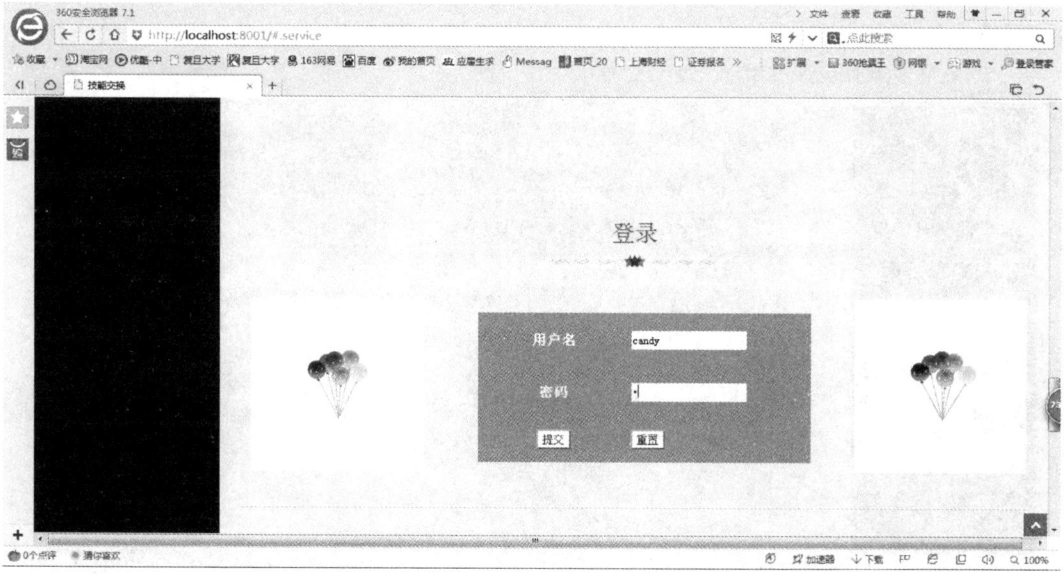
360安全浏览器 7.1
http://localhost:8001/#.service
技能交换
登录
用户名
candy
密码
提交
重置

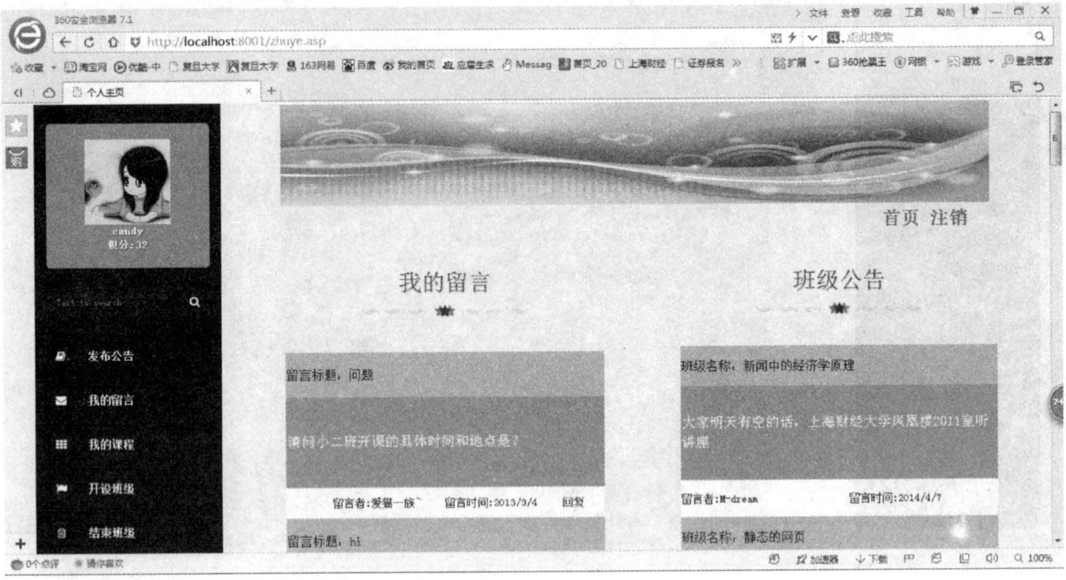

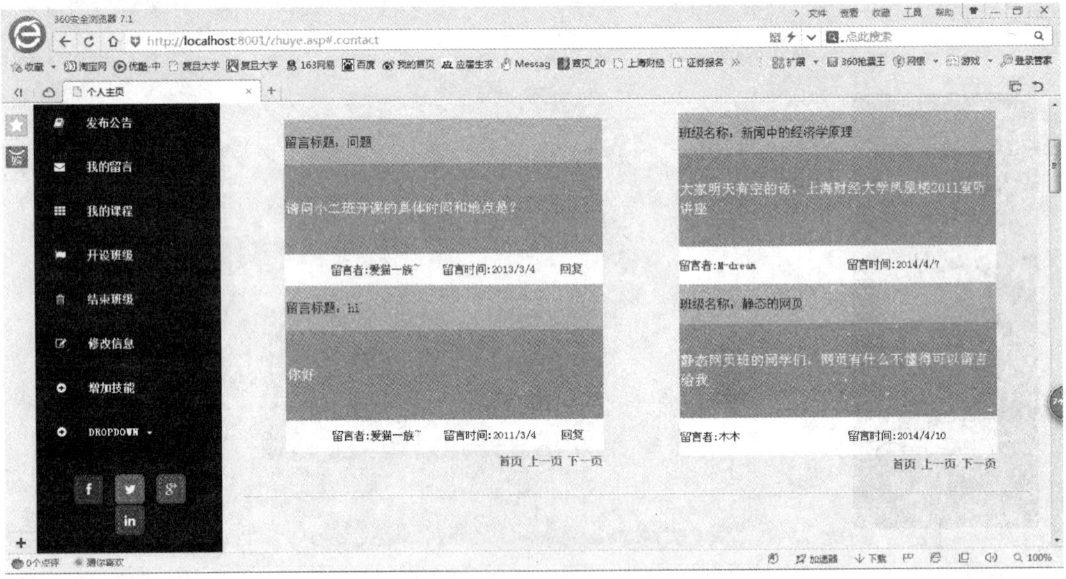

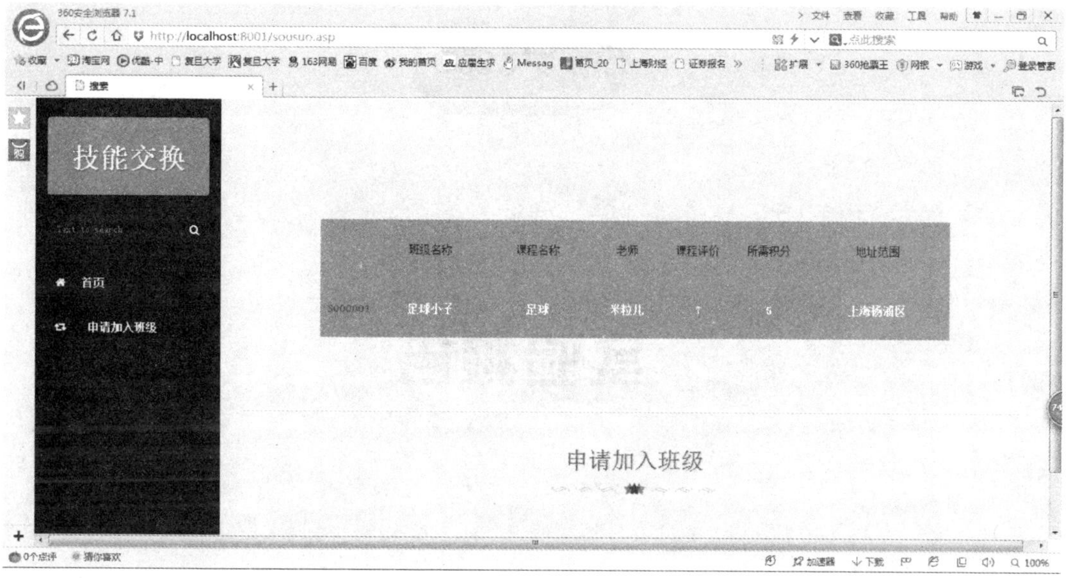

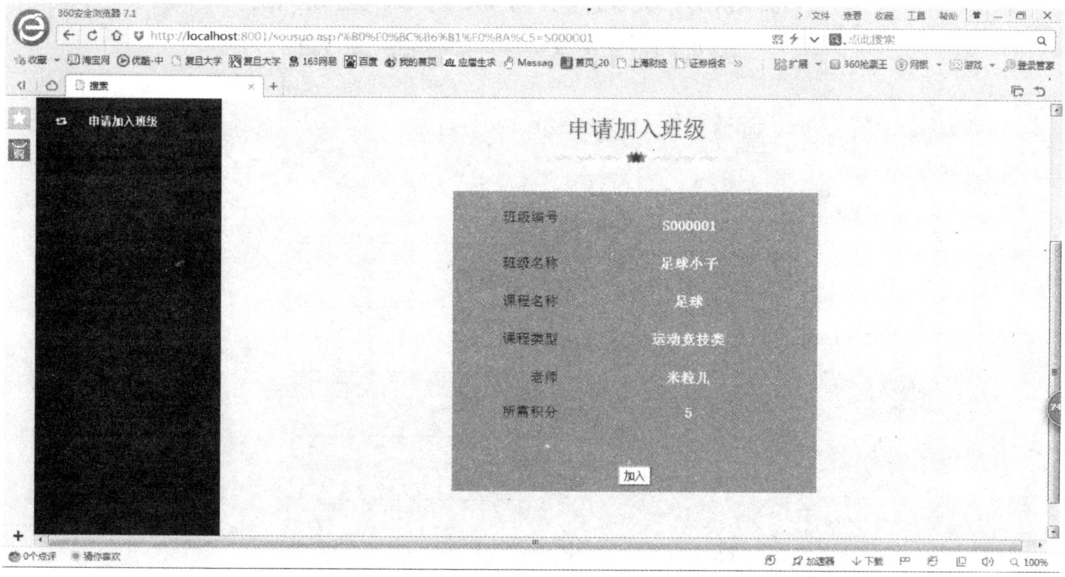

实验总结

经过本次实验,你遇到了哪些问题,是如何解决的?有何收获与体会?

提示:

(1)在设计概念数据模型时,需要注意实体与实体之间的对应关系。

(2)当一个实体类型的标识符进入另一个实体类型并与该实体类型中的标识符共同组成其标识符时,这种联系称为标定联系,也称依赖联系。

(3)Association 就是实体型的一种特例,用于建模时更确切地表达实体间的关联信息。

(4)在实际编程中,可能会对实验设计好的概念模型、类图进行改动,因为有些实体之间没有必要关联,一个表的数据可以通过编程从数据库中直接获取。

第六章

实验报告

信息系统分析与设计实验课程
实验报告 X——报告名称

实验项目名称________________

实　　验　　室________________

实　验　日　期________________

班　　　　　级________________

学　　　　　号________________

姓　　　　　名________________

实验目的

-
-
-
-

实验要求

-
-
-
-
-

实验环境

-
-
-

实验准备

-
-
-

……

作业 1:(分值)

作业区

作业 2:(分值)

作业区

作业 3:(分值)

作业区

作业 4:(分值)

作业区

作业 n:(分值)

实验总结

经过本次实验,你遇到了哪些问题,是如何解决的?有何收获与体会?(分值)

实验成绩:____________批阅老师____________